Angela Kahl, 1961 in Köln geboren, brach gleich nach dem Abitur zu einer Reise nach Japan auf. Diese Reise war Anregung genug, danach Japanologie und Sinologie zu studieren, was weitere Reisen nach China und Ladakh mit sich brachte. Sie lebte ein Jahr in Taiwan, um dort Chinesisch zu lernen und Deutsch und Englisch zu unterrichten. Anschließend machte sie sich zehn Monate lang auf die hier beschriebene Reise. Inzwischen ist sie mit ihrem damaligen Reisegefährten Peter verheiratet und lebt mit ihm in Sierra Leone.

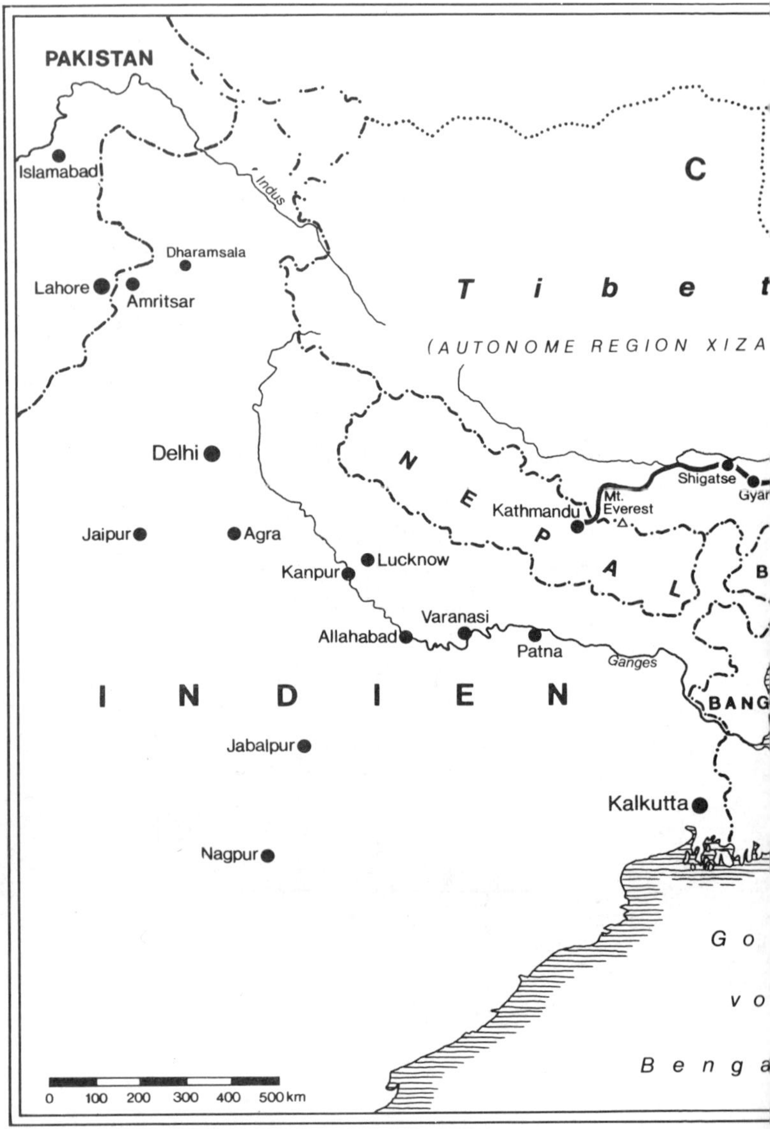

PAKISTAN
Islamabad
Indus
Dharamsala
Lahore
Amritsar
C
T i b e t
(AUTONOME REGION XIZA
Delhi
N E P A L
Kathmandu
Mt.
Everest
Shigatse
Gyar
Jaipur
Agra
Lucknow
Kanpur
B
Varanasi
Allahabad
Patna
Ganges
I N D I E N
BANG
Jabalpur
Kalkutta
Nagpur
G o
v o
B e n g a
0 100 200 300 400 500 km

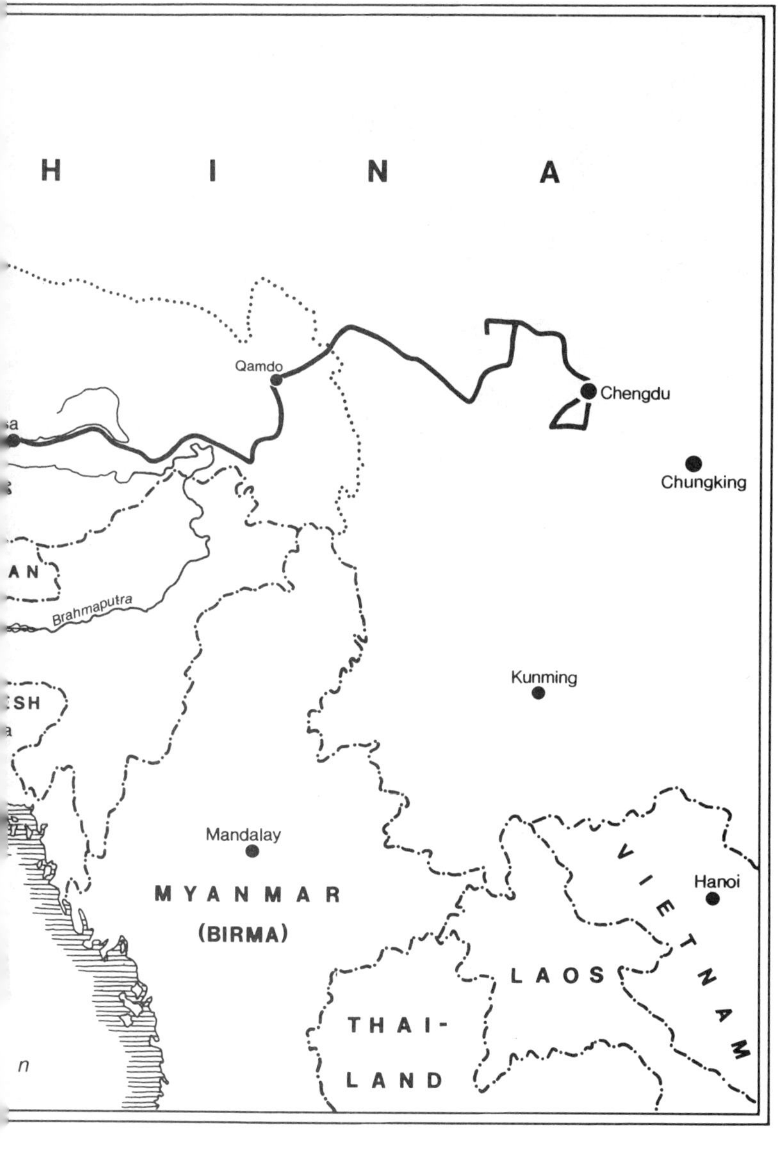

H I N A
Qamdo
Chengdu
Chungking
sa
AN
Brahmaputra
SH
Kunming
Mandalay
MYANMAR
(BIRMA)
Hanoi
VIETNAM
LAOS
THAI-
LAND
n

Die Autorin beschreibt ihre Tibetreise im Sommer 1987. Zu dieser Zeit war die Öffnungspolitik Chinas auf dem Höhepunkt, den Aufstand in Lhasa hatte es noch nicht gegeben und auch noch nicht das Massaker in Bejing. Im Sommer 1987 sah alles noch positiv und vielversprechend aus. Doch dann nahm die Geschichte Tibets einen tragischen Verlauf, der bis heute nicht aufzuhalten ist. Dieses Buch ist unverändert wiedergegeben als Dokumentation eines Zeitabschnitts, der Hoffnung für die Zukunft versprach.

Angela Kahl

Tibets wilder Osten

Mit dem Fahrrad über den Himalaya

Frederking & Thaler

Die Deutsche Bibliothek – CIP-Einheitsaufnahme
Kahl, Angela:
Tibets wilder Osten: mit dem Fahrrad über den Himalaya /
Angela Kahl. – München: Frederking und Thaler, 1999 – 2. Aufl. –
(Reisen, Menschen, Abenteuer: Tibet)
ISBN 3-89405-066-7

REISEN · MENSCHEN · ABENTEUER

2. Auflage 1999

Fotos: Angela Kahl und Christoph Wallner (S. 39, 147, 152)
Umschlaggestaltung: Büro Caroline Sieveking, München
Lektorat: Susanne Härtel, München
Produktion: Tillmann Roeder, München
Karten: Isolde Notz-Köhler, München
Satz: Uhl + Massopust, Aalen
Reproduktion: Fotolito Longo, Frangart
Druck und Bindung: Presse-Druck Augsburg
Printed in Germany
ISBN 3-89405-066-7

Inhalt

Einmal auf dem Dach der Welt stehen!

Wir sitzen in einem kleinen Restaurant in Quqên, vor uns auf dem Tisch Schalen mit Reis und Gemüse. Um uns drängen sich staunende Gesichter, die unser Aussehen und unsere Bewegungen aufs genaueste beobachten. Jeder Chinese, der sah, daß es wirklich und wahrhaftig zwei Ausländer waren, die sich da zum Essen niederließen, kam neugierig angelaufen. Schnell bildete sich ein dichter Ring um unseren Tisch. Inzwischen stehen die Leute schon so eng gedrängt, daß sie einander über die Schulter schielen müssen, um wenigstens einen kurzen Blick auf uns werfen zu können.

»Hihi, guck mal, die komischen gelben Haare!«

»Und die riesigen Nasen erst!«

»Erstaunlich, sie können mit Stäbchen essen.«

»Sprichst du nicht ausländisch? Frag doch, wo sie herkommen!«

Ich muß lachen, und so merken sie, daß ich sie verstanden habe. Jetzt entsteht ein wahrer Volksauflauf, jeder hat eine Frage an mich.

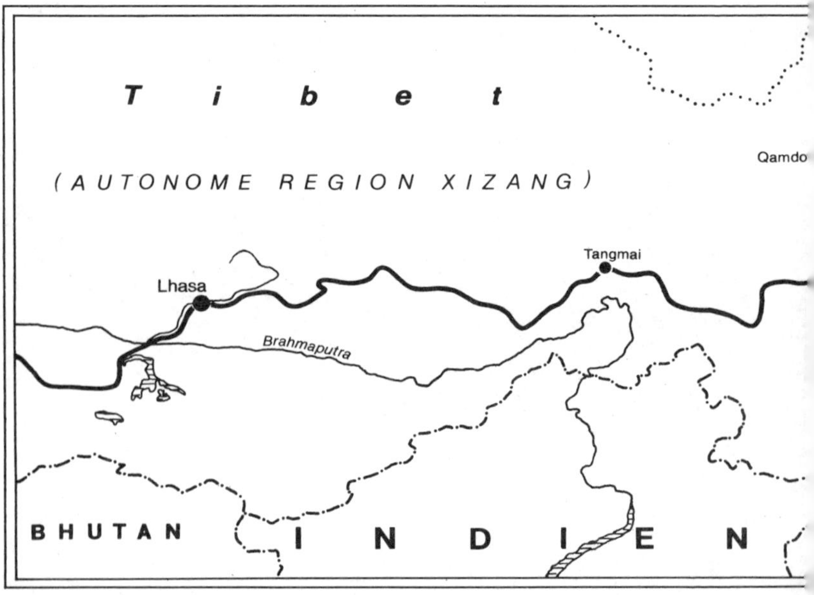

Zum Essen komme ich gar nicht mehr. Doch dann setzt sich ein Chinese zu uns an den Tisch, der dem Spaß autoritär ein Ende macht. Streng blickt er in die Runde, blockt alle weiteren Fragen ab, die an uns gestellt werden, und sagt dann fordernd: »Passports!«

O Schreck, ein Polizist, denke ich. Aus der Traum!

Gemeinsam mit einer Kollegin führt er uns ab auf die Polizeiwache. Dort bekommen wir als erstes Tee angeboten, und dann schieben acht bis zehn Polizisten ihre Stühle im Halbkreis um uns herum. Kühl und ohne merkliche Gesichtsregung betrachten sie uns. Derjenige, der uns direkt gegenübersitzt und aussieht wie ein General, eröffnet das Kreuzverhör.

»Du sprichst chinesisch?« sagt er zu mir. »Wieso weißt du dann nicht, daß dieses Gebiet für Ausländer gesperrt ist? Und was interessiert euch überhaupt in einem so kleinen Ort wie Quqên? Es gibt doch hier nichts zu sehen. Oder habt ihr etwa vor, noch weiter nach Tibet zu reisen? Ja? Ist es das?«

Er glaubt unseren Beteuerungen nicht, daß wir wirklich nur nach Quqên wollten und sonst nichts.

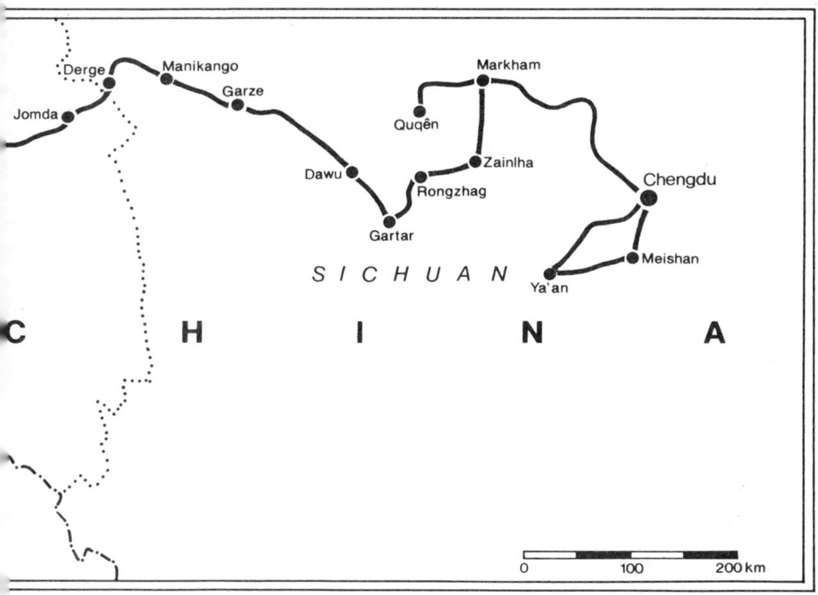

»Wie dem auch sei«, sagt er schließlich kategorisch. »Die ganze Gegend hier ist für Ausländer Sperrgebiet. Ihr müßt sofort zurück nach Markham.«

Er besorgt uns zwei Tickets für den nächsten Bus und hält uns unter strenger Bewachung. Bis nach Markham fährt eine Polizistin mit, die aufpaßt, daß wir auch wirklich nicht auf die Idee kommen, unterwegs wieder auszusteigen.

Es ist zum Verzweifeln. Das ist nun schon das zweite Mal, daß wir auf dem Weg nach Lhasa von der Polizei gestoppt werden. Daß diese Reise so schwierig werden würde, hätte ich nie gedacht. In Chengdu hatten wir uns das noch so einfach vorgestellt...

Chengdu ist die Hauptstadt der Provinz Sichuan und eine typisch chinesische Millionenstadt. Sie besteht aus dem üblichen Gemisch breiter, von eintönigen Betonhäusern gesäumter Boulevards und verwinkelter Gassen, an die sich alte Häuser mit geschwungenen Ziegeldächern drücken.

Im Zentrum der Stadt thront auf einem Sockel eine riesige Mao-Statue. Mao hebt grüßend den Arm über die breite, schnurgerade, langgezogene »Straße des Volkes«, über die Stadt, über vier Millionen Einwohner. 2400 Kilometer zu seiner Rechten, hinter endlosen Bergketten, liegt Lhasa, Hauptstadt von Tibet, der »autonomen Region Xizang«. Tibet hat etwa fünfmal die Größe der Bundesrepublik – und dabei noch nicht einmal halb soviel Einwohner wie Chengdu.

Von Chengdu aus wurde Anfang der fünfziger Jahre – China hatte soeben Ost-Tibet besetzt – die Straße nach Lhasa gebaut. Sie sollte das bislang kaum zugängliche Gebiet erschließen. Diese Straße windet sich durch West-Sichuan und Ost-Tibet, durch grüne Täler zwischen gewaltigen, schneebedeckten Bergriesen, über kalte und windige Hochebenen und entlang kahler, brauner Gebirgsreihen.

Wenn es irgendwie möglich sein sollte, wollen wir auf diesem Weg nach Lhasa reisen. Die Sache hat nur einen Haken – die Straße ist nicht für jedermann zugänglich. Ausländer, die nach Lhasa wollen, müssen entweder von Chengdu aus fliegen oder in Golmud, in der nördlichen Provinz Qinghai, den Bus nehmen. Reist man über Golmud, dann umgeht man Ost-Tibet. Doch nach allem, was wir gehört und gelesen haben, muß die Landschaft gerade dort atemberaubend sein. Außerdem liegen entlang der Straße Chengdu–Lhasa schöne alte Orte, vor allem die berühmte Klosterdruckerei in Derge (Dêgê) wollen wir uns nicht entgehen lassen.

Mit Hilfe unseres Reiseführers und nach vagen Informationen vom Hörensagen versuchen wir uns ein Bild von der Strecke zu machen. Wir nehmen an, daß die Straße zwar gesperrt ist, die Polizei unterwegs das aber nicht allzu eng sieht. Ist man einmal dort, dann kommt man wohl auch durch. Das Schwierigste wird vermutlich sein, Chengdu zu verlassen. Den Direktbus nach Lhasa kann man nämlich nicht nehmen, die Polizei in Chengdu paßt scharf auf, daß keine Tickets an Ausländer verkauft werden. Außerdem geht der Bus nur alle zwei Wochen und auch dann nicht sicher.

Deshalb wird es wahrscheinlich das beste sein, auf Lastwagen langsam von Ort zu Ort zu trampen. Da es so wenig Busse gibt, aber viele Lkws unterwegs sind, nehmen die Fahrer auf der leeren Ladefläche schon mal Passagiere mit. Es ist schwer abzuschätzen, wie viele Wochen wir auf diese Art brauchen, bis wir Lhasa erreichen.

»Zwei, drei, vielleicht auch vier«, vermutet Peter.

Den Direktbus haben wir aus unseren Plänen schon gestrichen. Statt dessen wollen wir unser Glück mit dem Kurzstreckenbus nach Ya'an versuchen, dem ersten größeren Ort auf der Straße nach Lhasa. Die Frage ist nur, ob die Polizei nicht auch den Fahrkartenverkauf nach Ya'an kontrolliert. Doch wenn wir es schaffen, die Tickets zu bekommen, dann ist der Bus sicher angenehmer, als an der Straße zu stehen und versuchen, aus Chengdu wegzutrampen.

Der Busbahnhof in Chengdu besteht aus einer riesigen Halle mit einer langen Reihe Fahrkartenschalter an einer Seite. Chinesen rennen geschäftig hierhin und dorthin, hocken auf ihren Gepäckstücken am Boden oder stehen in langen Schlangen nach Fahrkarten an. Ich stelle mich dazu, nervös.

Normalerweise stoßen, schubsen und treten Chinesen in einer Schlange sich nach vorn, hier geht es erstaunlich friedlich zu. Die

In Chinas Bussen ist immer was los. Hier werden lebende Gänse transportiert.

Frau, die die Fahrkarten verkauft, macht einen aufs äußerste gelangweilten Eindruck. Sie gähnt und gähnt und bohrt ungeniert in der Nase. Wahrscheinlich wartet sie sehnsüchtig auf ihre Mittagspause. Nur noch ein Mann steht jetzt vor mir, er sammelt schon sein Wechselgeld zusammen, ich bin dran. Fast rechne ich damit, mit leeren Händen wieder weggeschickt zu werden.

»Zweimal nach Ya'an, morgen früh.«

Sie sieht nicht mal hoch, blättert nur gelegentlich in einer Zeitschrift und greift sich blind das abgezählte Fahrgeld. Ich kann mein Glück kaum fassen, ich halte tatsächlich zwei Fahrkarten nach Ya'an in der Hand. Eintrittskarten nach Tibet.

Pünktlich in aller Frühe sind wir am nächsten Morgen am Busbahnhof. Ob der Kontrolleur uns auch wirklich mitfahren läßt?

Schwitzend und nervös, versuchen wir so auszusehen, als führen wir jeden Tag nach Ya'an. Doch wir hätten uns gar keine Sorgen zu machen brauchen, es geht alles so unglaublich einfach. Niemand fragt sich, was die beiden Ausländer wohl in dem Bus Richtung Tibet verloren haben. Als der Bus sich in Bewegung setzt, werden wir ganz euphorisch. Unser größtes Problem scheint aus dem Weg geräumt zu sein. Frei wie die Vögel werden wir auf Lastwagen reisen, in Gesellschaft von freundlichen Tibetern, um uns nichts als Berge und Himmel, und dann, in zwei Wochen vielleicht – Lhasa!

Ya'an ist zwar nur 150 Kilometer entfernt, aber der Bus braucht dafür sieben Stunden.

»Aus welchem Land kommt ihr? Wohin seid ihr unterwegs?« fragt uns ein Chinese, als wir zu einer kurzen Rast aus dem Bus steigen.

Ich antworte ihm, daß Peter Holländer ist, ich Deutsche, und daß wir nach Ya'an fahren.

»Nach Ya'an? Was wollt ihr denn da? Da gibt's doch nichts zu sehen!«

»Das ist nur die erste Station. Wir fahren noch weiter nach Tibet.«

»Ach herrje, da habt ihr aber noch eine lange Strecke vor euch. Und warum? In Tibet ist doch auch nichts zu sehen.«

Tibetische Kultur?

Das fegt er mit einer Handbewegung beiseite. »Aberglauben, tiefster Aberglauben!«

Wenigstens die Berge muß er doch beeindruckend finden.

»Berge!« sagt er verächtlich. Ob wir denn wenigstens schon die große Mauer gesehen hätten, den Kaiserpalast in Peking, die alten Städte Suzhou und Hangzhou? Da könnten wir Kultur erleben! Für ihn ist Tibet chinesisches Entwicklungsland, nichts, was man Ausländern vorführen will.

Der Busfahrer klettert wieder auf seinen Sitz, streift seine ehemals weißen Baumwollhandschuhe über und drückt auf die Hupe. Weiter geht's.

Der Chinese von eben redet eifrig auf seinen Nachbarn ein, der dreht sich um und starrt uns mit großen Augen an. Er kann nicht glauben, daß ich wirklich seine Sprache spreche.

Das erste Mal war ich 1983 in China, zu einer Zeit, als gerade die Grenzen für Einzelreisende ins Reich der Mitte geöffnet worden waren. Damals konnte ich noch nicht Chinesisch sprechen, und kaum jemand verstand Englisch. Alles war nur mit Schriftzeichen ausgeschildert. Dadurch war das Reisen so schwierig, und ich war am Rande der Verzweiflung oft drauf und dran, auf schnellstem Weg das Land wieder zu verlassen. Trotzdem war ich so fasziniert, daß ich unbedingt noch einmal wiederkommen wollte.

Anschließend ging ich China von der wissenschaftlichen Seite her an und begann, Sinologie zu studieren. Um die Sprache nicht nur trocken an der Uni, sondern aus erster Hand zu lernen, verbrachte ich dann ein Jahr in Taiwan. Anschließend wollte ich nicht direkt wieder nach Deutschland zurück, die Volksrepublik war so verlockend nah. So entschloß ich mich, erst noch eine Zeitlang dort herumzureisen. Das ist nun schon einige Monate her, ich habe einen großen Teil von China gesehen, und Tibet soll jetzt der Höhepunkt, der krönende Abschluß, werden.

Schon 1983 hatte ich versucht, nach Tibet zu kommen, aber das war damals nur für Reisegruppen möglich. Inzwischen – 1987 – ist Tibet auch für Individualtouristen zugänglich, und ich möchte endlich meinen alten Traum verwirklichen, einmal auf dem »Dach der Welt« zu stehen.

Peter habe ich erst vor kurzem in China kennengelernt. Er ist Holländer und hat drei Jahre in einem Krankenhaus im Jemen als Entwicklungshelfer gearbeitet. Anschließend ist er zu einer großen Asienreise aufgebrochen. Über Thailand, Indonesien und Hongkong kam er vor ein paar Wochen nach China.

Was wird uns jetzt in Tibet erwarten? Und was für Erwartungen haben wir?

Ich habe schon eine ganze Menge über Tibet und seine jüngste Geschichte gelesen, und alle Berichte haben eins gemeinsam: Sie sind immer stark parteiisch. Entweder leidenschaftlich prochinesisch oder, noch leidenschaftlicher, protibetisch.

Nach den Darstellungen der Chinesen haben sie in den fünfziger Jahren Tibet nicht besetzt, sondern befreit. Befreit aus hoffnungsloser Rückständigkeit, aus dem Würgegriff der Klöster, die das Volk durch Zwangsabgaben und Zwangsarbeit rücksichtslos ausgebeutet haben. Sie behaupten, China habe Tibet den Fortschritt gebracht, habe für Straßen, Krankenhäuser und Schulen gesorgt.

In den Berichten des Dalai Lama und anderer tibetischer Flüchtlinge liest es sich ganz anders. Da wird von hunderttausendfachem Mord und von Folter gesprochen, von der Zerstörung fast aller Klöster. Die Chinesen sind in ihren Augen keine Befreier, die den Fortschritt gebracht haben, sondern Träger eines Terrorregimes, das Tod, Elend und Zerstörung in Tibet verbreitet hat.

»Wir haben Fehler gemacht«, geben die Chinesen inzwischen zu. Sie versprechen Religionsfreiheit und beginnen damit, die zerstörten Klöster wieder aufzubauen.

Augenwischerei? Wie ist das Leben in Tibet wirklich? Ist es überhaupt möglich, Tibet objektiv zu sehen, ohne für die eine oder die andere Seite Partei zu ergreifen?

»Einmal sehen ist besser, als hundertmal hören«, sagt ein chinesisches Sprichwort.

Ein neuer Versuch

Ein bißchen verloren stehen wir am Busbahnhof in Ya'an und wissen nicht, wohin. Ich erkundige mich bei einem Angestellten nach einer Unterkunft, und er besteht darauf, uns persönlich bis vor die Hoteltür zu bringen. Unterwegs redet er ohne Punkt und Komma, erzählt von Gott und der Welt, und irgendwann höre ich gar nicht mehr zu.

»Wo wollt ihr denn eigentlich als nächstes hin?« fragt er plötzlich.

»Nach Lhasa«, sage ich unvorsichtigerweise. Schon ist er nicht mehr so freundlich.

»Die Straße nach Lhasa ist gesperrt«, belehrt er uns streng. Ob er uns wohl an die Polizei verraten wird?

Wir sehen uns an und haben ein ungutes Gefühl. Wir könnten ja einfach in ein anderes Hotel umziehen, aber Ya'an ist so klein, das bringt sicher nichts. Und zum Weiterfahren ist es heute schon zu spät, es ist bereits Abend.

Solange wir in der Stadt herumlaufen, haben wir die meisten Chancen, daß die Polizei uns nicht findet. Je später wir zurück ins Hotel kommen, um so besser. Und wenn wir noch ein bißchen Glück haben, geht morgen ein Bus nach Kangding – der nächste Ort in Richtung Lhasa. Dann könnten wir schon ganz früh wieder von hier weg sein.

Erst mal machen wir uns auf den Weg zum Busbahnhof, um die Verbindungen abzuchecken. Es gibt tatsächlich einen Bus nach Kangding, aber der geht nur alle zwei Tage. Einer heute, der ist schon weg, und der nächste erst wieder übermorgen.

»Natürlich!« schimpft Peter. »Wie könnte es auch anders sein!«

Während wir durch die Stadt laufen, beleuchten wir unsere Situation von allen Seiten. Was wird passieren, wenn die Polizei uns hier findet?

»Sehr wahrscheinlich werden wir nur nach Chengdu zurückgeschickt«, sage ich.

»Oder wir müssen eine gesalzene Strafe zahlen«, meint Peter.

»Manchmal lassen sie Ausländer auch eine Selbstkritik schreiben ...«

Schließlich einigen wir uns darauf, daß wir, sollten wir wirklich zurückgeschickt werden, nicht nach Chengdu fahren, sondern nach Meishan. Meishan ist eine Kleinstadt südwestlich von Chengdu und erst vor kurzem für Ausländer geöffnet worden. Vielleicht haben wir ja Glück, und die Polizei dort weiß noch nicht so genau über die Ausländerbestimmungen Bescheid. Vielleicht schaffen wir es, einen Polizisten zu überreden, daß er uns eine offizielle Genehmigung für die Strecke ausstellt.

Als wir spätabends ins Hotel kommen, wollen wir uns unbemerkt ins Zimmer schleichen. Doch die Frau an der Rezeption hat uns schon gesehen.

»Da waren zwei Männer, die mit euch sprechen wollten!«

Das kann nichts Gutes bedeuten!

Kaum sind wir in unserem Zimmer, da klopft es. Energisch. Peter öffnet, und herein stürmt ein grimmig aussehender Polizist. Er trägt eine Uniform in verwaschenem Grün aus weicher Baumwolle, eine Schirmkappe in derselben Farbe mit einem roten Plastikstern.

Er habe was mit uns zu besprechen, knurrt er in schlechtem Englisch. Um ihn in bessere Laune zu versetzen, begrüße ich ihn freundlich auf chinesisch, aber das hätte ich besser nicht getan. Er ist hier in Ya'an der für Ausländer zuständige Polizist und hat zu diesem Zweck mühsam Englisch gelernt. Wenn eine Ausländerin ihn so schlecht versteht, daß sie es vorzieht, Chinesisch mit ihm zu sprechen, dann hat er sein Gesicht verloren. Und das ist das Schlimmste, was einem Chinesen zustoßen kann. Damit habe ich mir seine Gunst endgültig verscherzt. Er schickt mich auf den Flur und sagt, er wolle mit Peter unter vier Augen sprechen. Um ihn nicht noch mehr zu verärgern, gehe ich hinaus. Unsere Weiterreise hängt jetzt an dem seidenen Faden seiner Gnade.

Nach einer Weile darf ich wieder hereinkommen. Er sitzt auf einem Stuhl, die Beine übereinandergeschlagen, und wippt mit dem Fuß auf und ab. Herablassend gibt er Peter ein Zeichen, mir Bericht zu erstatten.

»Nichts Besonderes«, meint Peter. »Er hat bloß gefragt, wie lange wir verheiratet sind, wie lange in China und so. Ich habe ihm gesagt, wir wollten uns nur ein bißchen Ya'an angucken, übermorgen würden wir wieder nach Chengdu zurückfahren. Dann hätten wir statt dessen einfach den Bus nach Kangding nehmen können. Aber da hat er nicht mit sich reden lassen. Wir müssen unbedingt morgen früh von hier verschwinden.«

»Morgen früh!« sagt der Polizist noch einmal drohend und läßt uns dann allein. Bis in die Nacht reden wir noch, überlegen hin und her.

»Was hältst du davon, wenn wir ganz früh morgens aus Ya'an wegtrampen?« sagt Peter. »Wir sind dann schon weg, bevor er was gemerkt hat.«

»Ach nee ... lieber nicht. Falls wir in Meishan eine Genehmigung kriegen, dann haben wir bis Lhasa keine Probleme mehr.«

»Und wenn nicht? Jetzt sind wir doch schon auf der Straße. Ich habe einfach keine Lust, wieder zurückzufahren.«

Mit ziemlich unklaren Plänen schlafen wir ein.

Am nächsten Morgen hämmert es in aller Frühe an die Tür. Der Polizist kommt persönlich vorbei, um uns zu wecken, damit wir nur ja nicht den Bus verpassen. Damit hat sich das Problem von selbst erledigt. Kurz darauf sind wir unterwegs nach Meishan.

Der Bus ist nur halb voll, ein paar Chinesen, ein bißchen Gepäck, einige Hühner, die in einen Korb gezwängt hechelnd die Schnäbel aufsperren.

Trübsinnig schauen wir aus dem offenen Fenster. Der Wind streicht warm über mein Gesicht, und die Sonne steht weiß am hellblauen Himmel. Die Sandstraße windet sich bergab, zurück in die Ebene, wir rumpeln einen glasklaren, grünen Bach entlang, durch ein freundliches, weites Tal, durch Dörfer und an Reisfeldern vorbei. Jeder Kilometer entfernt uns wieder ein Stück mehr von Tibet. Was machen wir bloß, wenn die Polizei in Meishan auch so unzugänglich ist?

Sofort am nächsten Morgen suchen wir das *gong an ju* auf, das Amt für öffentliche Sicherheit. Es ist Sonntag, und die Polizeistation ist wie ausgestorben. Im Gang sitzen wir auf einer Holzbank und warten und warten. Ein rotbackiges Mädchen mit langen Zöpfen hatte uns gesagt: »Einen Moment nur, der Chef kommt gleich!«

Gerade wollen wir aufgeben und wieder gehen, als sich die Tür öffnet und ein Polizist in Hemdsärmeln hereinkommt. Seine Haare sind so strubbelig, als hätte er gerade noch im Bett gelegen. Hoffentlich haben wir ihn nicht aus seinem Mittagsschlaf geweckt!

Er bittet uns in sein Büro, das fast völlig von einem riesigen Schreibtisch ausgefüllt wird. Bunte Kalenderblätter mit strahlenden pausbäckigen Kindern und einer idyllischen bayerischen Landschaft mit Zwiebelturmkirche hängen an der Wand. Wir bekommen Tee und, wie so üblich, Komplimente dazu.

»Sie sprechen aber sehr gut Chinesisch!«

In meiner ersten Zeit in China war ich da noch drauf reingefallen und war stolz auf das Lob. Erst später habe ich gemerkt, daß es nichts darüber aussagt, was jemand wirklich von meinen Sprachkenntnissen hält. Egal, ob ein Ausländer mühsam »danke« radebrecht oder fließend chinesische Klassiker zitiert, immer ist es »ausgezeichnet, wirklich ausgezeichnet«.

Wir schlürfen das Teewasser, blasen die an der Oberfläche treibenden Blätter an den Becherrand, und ich antworte ihm: »Nein, nein, ich spreche nur ganz schlecht, nicht der Rede wert . . . Der Tee schmeckt übrigens vorzüglich.«

»Aber nein, ganz schlechte Qualität . . .«

Höflich schlürfen wir noch ein paar Schlucke, obwohl wir insgeheim denken, daß er recht hat.

Endlich kommt er zur Sache: »Worum geht's denn?«

Peter und ich haben uns schon vorher überlegt, was wir ihm erzählen wollen. Wie geplant schwärme ich ihm erst von China vor, um ihn einzulullen, und dann erwähne ich, daß ich Malerin sei. Das stimmt zwar nicht ganz, hört sich aber gut an. Besonders die schöne Landschaft in Ost-Tibet habe es mir angetan. Ob wir nicht eventuell eine Genehmigung für diese Gegend bekommen könnten, damit ich dort zeichnen kann?

Er überlegt ein bißchen, wuschelt in seinen Haaren und sagt dann: »Okay!«

Haben wir richtig gehört? Wir können es kaum glauben. Das wird uns in Tibet Tür und Tor öffnen. Er kramt in seinen Schubladen nach *travel-permits*, vorgedruckten Genehmigungskarten für Ausländer.

»Es ist so . . .«, sagt er und kratzt sich am Kopf. Wir ahnen es schon. »Meishan ist nämlich gerade erst für Ausländer geöffnet worden, und bis jetzt hat hier noch niemand nach Reisepapieren gefragt. Ich habe leider noch keine hier, sie sind noch beim *gong an ju* in Chengdu.«

Ich weiß nicht, ob er uns nur dezent loswerden will oder ob er wirklich keine Fomulare hat. Jedenfalls ist hier nichts mehr zu holen. Aber Chengdu ist nicht weit, und so wollen wir auch da noch versuchen, die Genehmigung zu bekommen.

Die Fahrt dorthin ist trist. Der Bus quält sich schnaufend durch Vorstadtbrei und an staubenden Baustellen vorbei.

»Inzwischen hab ich's ziemlich satt«, sage ich zu Peter.

»Ich auch«, meint er. »Wieviel Zeit wir jetzt schon durch das andauernde Hinundherfahren vergeudet haben! Versuchen wir noch mal, hier die Genehmigung zu bekommen, und wenn das nicht klappt, dann lassen wir eben Ost-Tibet sausen und fahren über Golmud.«

Das *gong an ju* in Chengdu hat eine ganz andere Atmosphäre als das Kleinstadtbüro in Meishan. Hier wimmelt es nur so von Polizisten hinter mit Papier überquellenden Schreibtischen. Eine Ecke ist ausgeschildert als P. S. B., *Public Security Bureau,* das Ausländeramt.

Ich versuche es wie in Meishan, aber der Polizist läßt mich gar nicht ausreden. Müde winkt er ab: »Gesperrt!« Sicher sind wir nicht die ersten, die fragen. Dann zeigt er uns eine Landkarte, auf der sämtliche Orte und Gebiete eingezeichnet sind, die von Ausländern besucht werden dürfen. Die Straße von Chengdu nach Lhasa ist natürlich nicht dabei.

Aber ungewollt hat der Mann uns auf eine Idee gebracht. Nordwestlich von Chengdu ist nämlich ein Ort erst vor kurzem dazugekommen: Markham (Markang). Wir schauen uns die Karte genauer an. Markham liegt nördlich unserer Straße. Es gibt da einen kleinen Verbindungsweg hinunter nach Gartar (Qianning), und das liegt wieder an der Straße, schon ein ganzes Stück hinter Ya'an. Unsere letzte Chance. Wir sind wieder voller Tatendrang, die mutlose Stimmung, in der wir uns eben noch hierhergeschleppt haben, ist wie weggeblasen. Von Markham aus muß es einfach klappen!

Die 400 Kilometer lange Strecke bewältigt der Bus in zwei Tagen. Höher und höher schraubt die Straße sich in die Berge hinein, langsam kommen wir Tibet wieder näher. Immer steiler werden die Berge, immer schroffer, immer wilder, am zweiten Tag haben sie schon schneebedeckte Gipfel. Obwohl wir noch gar nicht so weit von Chengdu entfernt sind, wirken die Dörfer schon sehr tibetisch auf mich. Die Häuser sind unten breiter als oben, haben flache Dächer und sind aus Bruchsteinen gebaut. Manchmal hängen sie so hoch oben in den Felsen, daß ich die Dörfer beim ersten Hinsehen für merkwürdig geformte Steinbrocken halte.

Allmählich erreichen wir die Höhe der Schneefelder, ich friere.

Die Wälder in Nord-Sichuan werden radikal abgeholzt

Die Straße wird mit jedem Kilometer schlechter, bald ist sie nur noch eine staubige Sandpiste voller Schlaglöcher und übersät mit Felsbrocken. Trotzdem ist der Verkehr so stark, daß es beinahe zum Stau kommt. Vor allem Lastwagen sind unterwegs, uralte russische Modelle. Mit Holzstämmen beladen, quälen sie sich, einer hinter dem anderen, in einer nicht enden wollenden Schlange uns entgegen. Ich habe das Gefühl, ganz West-Sichuan wird abgeholzt.

Eigentlich ist die Straße nur einspurig. Vorsichtig balancieren Bus und Lkw aneinander vorbei. Der Mann, der direkt vor uns sitzt, flucht halblaut vor sich hin, die Frau neben ihm hält sich ein Tuch vor den Mund. Wir kommen jetzt, nach Meinung der Chinesen, in das Gebiet der ehemaligen Barbaren, fernab jeder Zivilisation.

Einst gehörte die Gegend hier zu Groß-Tibet, vom 7.–9. Jahrhundert eine Großmacht in Zentralasien. Tibet war damals doppelt so groß wie heute, es umfaßte Teile der jetzigen chinesischen Provinzen Qinghai, Sichuan, Gansu und Yunnan.

Seit 1720 geriet Tibet mal mehr, mal weniger unter die Herrschaft Chinas, je nach Machtstärke der gerade dort herrschenden Regierung. In der ersten Hälfte dieses Jahrhunderts hatte China ständig mit dem Bürgerkrieg im eigenen Land (Mao und die Kommunisten gegen Tschiang Kai-schek und die Guomindang) und mit den einfallenden Japanern zu tun und kümmerte sich daher nicht viel um Tibet. 1949 aber übernahmen die Kommunisten in Peking das Ruder, und 1950 schon marschierte die Volksbefreiungsarmee in Tibet ein. Zunächst besetzte sie das heutige West-Sichuan, 1951 dann erreichte sie Lhasa. In den folgenden Jahren versuchte China es mit einer Politik der Verhandlungen und Versprechungen, doch trotzdem kamen in dieser Zeit Tausende aufständischer Tibeter ums Leben. Und dies war erst der Anfang. 1959 wurde Lhasa mit Gewalt eingenommen, der Auftakt zu Blutvergießen und blinder Zerstörungswut. Der Dalai-Lama mußte nach Indien fliehen, wo er heute noch lebt. Zehntausende flüchteten mit ihm.

Den größten Terror jedoch erlebte Tibet in der Zeit der Kulturrevolution in den Jahren 1966 bis 1976. Schätzungen über die Zahl der tibetischen Opfer reichen von einigen Hunderttausend bis zu mehr als einer Million. Folterungen waren an der Tagesordnung. Wer konnte, versuchte nach Indien zu entkommen.

Die Tibeter sollten mit Begeisterung an den Kommunismus glauben, für ihre Religion, den Buddhismus, war da kein Platz mehr. Fast alle Klöster wurden zerstört. Mönche wurden gefoltert, ermordet, religiöse Kunstgegenstände zerschlagen und verbrannt. Hier wurde der Versuch gemacht, ein Volk, eine Kultur systematisch zu zerstören.

Was mag wohl in den Köpfen der Chinesen vorgehen, die mit mir im Bus sitzen und Richtung Tibet fahren?

Der Mann vor mir ist verwundert über mein Interesse an solch einem hinterwäldlerischen Gebiet. Daß jemand freiwillig nach Tibet reist, kann er nicht verstehen.

»Ich fahre nur nach Markham«, sagt er. »Das geht gerade noch, es ist nicht allzuweit weg von China. Aber was willst du in Tibet? Die Leute dort sind unvorstellbar rückständig. Und so dreckig! Es heißt ja schließlich auch ›Autonome Region Xizang‹.«

Eine doppelsinnige Bezeichnung. *Xi* bedeutet »Westen« und *zang* eigentlich »Schatzkammer«. In einer anderen Tonhöhe ausgesprochen und mit einem anderen Schriftzeichen geschrieben, heißt *zang* aber auch »schmutzig«. Tibet kann also entweder die »(Boden)Schatzkammer« oder aber das »dreckige Land im Westen« genannt werden.

»Bis vor kurzem haben die Tibeter noch wie im Mittelalter gelebt«, ereifert er sich. »Und die Leibeigenen, die Bauern, wurden durch die reichen Klöster ausgebeutet. Wenn wir Chinesen nicht gekommen wären, dann gäbe es das feudalistische System dort immer noch.«

»Und die vielen Toten? Ist der Fortschritt so viele Tote wert?«

»Die vielen Toten . . . na ja! Glaubst du, die hat es in China nicht gegeben? Wir haben auch gelitten. In den zehn Jahren Chaos« – gemeint ist die Kulturrevolution – »ging es überall in China schlimm zu, nicht allein in Tibet. Weißt du, wie viele Chinesen in der Zeit umgekommen sind? Millionen! Außerdem gibt es in Tibet doch jetzt wieder Religionsfreiheit.«

Seine Frau atmet leidend durch ihr Tuch, wir sind von Staubwolken umhüllt.

»Nein, nein«, sagt er überzeugt. »Es war sicherlich eine schlimme Zeit, und wir haben auch vieles falsch gemacht. Aber die Zeiten sind inzwischen vorbei. Man muß nach vorne sehen, nicht zurück.«

Mühsame Annäherung

Markham macht einen sehr neuchinesischen Eindruck: kistenförmige Betonhäuser, alles streng funktional, Ästhetik ist nicht so wichtig. Auch Markham hat einen Park, wie man ihn in jeder chinesischen Stadt finden kann. In dem buntbemalten Teehaus vertreiben sich die männlichen Einwohner der Stadt die Zeit. Teehäuser sind Männersache, auch heute noch. Für ein paar Pfennige bekommen wir Jasmintee in zwei Porzellantassen mit Deckel. Die paar Blätter halten einige Stunden vor. Immer wieder geht jemand mit einem Kessel heißem Wasser von Tisch zu Tisch und füllt die Tassen auf. Das Teehaus ist das gesellschaftliche Zentrum der Stadt. Hier wird geredet, werden Geschäfte abgeschlossen, *xiang qi* (chinesisches Schach) und Karten gespielt, Tee geschlürft, getratscht.

So chinesisch Markham auch ist, die Dörfer ein paar Kilometer weiter haben ihren eigenen Charakter. Wie Adlernester kleben sie hoch oben in den Felsen. Ein solches Dorf wollen wir uns aus der Nähe ansehen, und wir klettern einen steilen Pfad hinauf, bis wir zu einer Hängebrücke kommen. Die Schlucht, die sie überspannt, schützt das Dorf, direkt hinter ihr stehen die ersten Häuser. Sie sind zwei, drei Stockwerke hoch, das Obergeschoß besteht zur Hälfte aus einer luftigen Veranda. An der seitlichen Hauswand hängen seltsame Holzerker, die Toiletten, vermuten wir. Grabesstill liegt der Ort in der heißen Mittagssonne, bis auf das Scharren unserer Schritte ist kein Geräusch zu hören. Weit und breit ist niemand zu sehen, nur auf einer Veranda erscheinen schließlich zwei Frauen, die zu uns herunterstarren.

Wir schlendern noch ein bißchen über die Hügel am Ortsrand

Hoch in die Felsen gebautes Dorf bei Markham

und setzen uns dann an einem Abhang in die Sonne. Ich zeichne das Dorf, und Peter legt sich währenddessen auf den Rücken, verschränkt die Hände unter dem Kopf. Insekten summen, Ferienstimmung.

Auf der Karte schauen wir uns noch einmal genau an, wie wir morgen weiterfahren werden. Von Markham aus sind zwei Straßen eingezeichnet, die parallel nebeneinander in Richtung Süden verlaufen. Eine der Straßen ist eine Sackgasse und geht nicht weiter als bis nach Rongzhag (Danba), die andere jedoch trifft auf die große Straße. An ihr liegt ein kleiner Ort, Quqên (Jinchuan), unser Ziel für morgen.

In Markham auf dem großen Parkplatz übernachten die Lkws, die auf der Durchfahrt sind. Frühmorgens bei Sonnenaufgang brechen sie wieder auf, und dies ist die Zeit, zu der wir auf dem Platz sein müssen, um einen Lift zu finden.

Vier Lkw parken dort, zwei davon fahren nach Quqên. Was für ein Glück! Und noch besser – sie sind einverstanden, wir können mit. Unsere Rucksäcke werfen wir hinten auf die Ladefläche, wir selber dürfen vorne einsteigen. Ratternd und klappernd fahren wir durch die Berge, die Luft ist noch diesig und kühl, doch die Sonne steigt schon höher, es wird schnell wärmer. Es riecht nach Gras und Staub, nach Sommer und Abenteuer. So macht es Spaß zu reisen – bis ich anfange, mich mit dem Fahrer zu unterhalten.

»Was? Ihr wollt weiter auf die Straße nach Lhasa? Da seid ihr hier aber falsch.«

»Wieso?« frage ich verdutzt. »Erst wollen wir nach Quqên und dann weiter auf die große Straße.«

»Wie kommt ihr denn darauf? In Quqên geht's nicht mehr weiter. Wenn ihr nach Lhasa wollt, dann müßt ihr zurück nach Markham und die andere Straße nehmen, die über Rongzhag.«

»God verdomme!« flucht Peter.

Unsere Karte stimmt nicht. Damit hatten wir nicht gerechnet.

»Wir sind bald in Quqên«, sagt der Fahrer. »Da könnt ihr erst mal was essen, und mittags gibt es dann einen Bus zurück nach Markham.«

»Wir sind aber auch vom Pech verfolgt«, grummele ich mißmutig vor mich hin. Mit einem Mal geht mir alles auf die Nerven: die stechende Sonne, der Staub, der rüttelnde Lastwagen und das erdrückende Gefühl, daß sich immer neue Schwierigkeiten wie eine Mauer vor uns auftürmen.

Quqên ist ein winziges Kaff. Zur Stärkung nach dem Schreck suchen wir erst mal ein Restaurant. Und hier ist es, wo wir von der Polizei entdeckt und zurück nach Markham gebracht werden.

Inzwischen sind wir geradezu besessen von der Idee, über Ost-Tibet nach Lhasa zu reisen. Jetzt aufzugeben, das hieße, einen Kampf zu verlieren. Nach den vielen Fehlschlägen setzen wir unseren ganzen Ehrgeiz ein, es doch noch zu schaffen.

So brechen wir am nächsten Morgen erneut zum Lkw-Parkplatz auf, um einen Lift nach Rongzhag zu finden. Einerseits denke ich: »Diesmal muß es einfach klappen!«, andererseits bin ich auch schon ziemlich resigniert. Lhasa scheint in weite Ferne gerückt, meine Hoffnung reicht mittlerweile nicht weiter als eine Tagesetappe.

Diesmal stehen eine ganze Menge Lastwagen da, und ich freue mich schon. Doch dann müssen wir eine Absage nach der anderen einstecken: »Tut uns leid, wir fahren nach Chengdu« – oder – »Nein, wir wollen nach Quqên.« Mist! Außer uns scheint niemand in Richtung Rongzhag unterwegs zu sein.

»Nebenan ist eine Haltestelle«, sage ich. »Vielleicht gibt es ja einen Bus.«

Es gibt einen, aber der fährt erst übermorgen. Was jetzt? Sollen wir noch einen Tag hier warten?

»Ach was«, meint Peter, »wir gehen einfach mal los und winken.«

Doch Trampen ist nicht so einfach. Da es in China kaum Privatwagen gibt, sind fast nur Lkws und Firmenwagen unterwegs, und die sind meistens überfüllt. Busse sind rar in dieser Gegend.

Die Zeit schleicht dahin, es ist ermüdend und frustrierend. Wenn wirklich mal jemand anhält, was selten genug vorkommt, dann nimmt er uns immer nur ein ganz kurzes Stück mit, einen Kilometer oder zwei. Dann stehen wir aufs neue am Straßenrand und haben das Gefühl, auf der Stelle zu treten.

Mittlerweile ist es Mittag geworden, und niemand scheint mehr unterwegs zu sein. Notgedrungen schnallen wir unsere Rucksäcke auf und machen uns zu Fuß auf den Weg. Zwischen uns und der Straße nach Lhasa liegen noch rund dreihundert Kilometer. Ich hoffe nicht, daß wir die ganze Strecke laufen müssen, doch je mehr Zeit verstreicht, um so mehr sieht es danach aus. Schon lange haben wir kein Fahrzeug mehr gesehen, auch kein Haus. Dabei müßte bald ein Ort kommen, Lianghekou. Leider haben wir aber nur eine Karte im Maßstab 1:6 000 000, und danach ist schwer abzuschätzen, wie weit entfernt Lianghekou noch ist. Draußen schlafen können wir nicht, wir haben kein Zelt und nur dünne Schlafsäcke.

Stetig zieht sich die Straße hinauf, Kurve um Kurve, wir keuchen unter unseren Rucksäcken. Inzwischen haben wir die Schneegrenze erreicht, am Hang neben uns glitzern große Schneeflecken in der Sonne. Die Hitze und die ewig enttäuschte Hoffnung auf ein Dorf, das schon hinter der nächsten Kurve auf uns warten könnte, machen müde und apathisch.

»Wie wär's mit einer Pause?« rufe ich Peter zu, der ein Stück vorausläuft.

»Um die Biegung noch, okay?«

Hinter der nächsten Kurve, die genauso aussieht wie alle anderen vor ihr, werfe ich meinen Rucksack ab und lasse mich auf einen Stein fallen. Immer noch kein Ort in Sicht. Um uns nichts als felsige Berge, hoch oben mit gleißendem Schnee bedeckt, weiter unten dehnen sich dunkle Tannen aus. Ein großer Vogel schwebt mit weiten Schwingen über dem Tal.

»Moment mal«, sagt Peter plötzlich und kneift die Augen zusammen. »Ist das da vorn nicht ein Haus?«

Jetzt sehe ich es auch, zwischen den Tannen ist ein Dach zu erkennen, ganz deutlich quillt Rauch aus dem Schornstein. Mir fällt ein Stein vom Herzen. Das Haus ist noch ziemlich weit entfernt, aber wir werden es sicher vor dem Dunkelwerden erreichen. Und die Leute dort werden uns bei der Kälte nachts bestimmt nicht draußen schlafen lassen.

In diesem Moment bin ich wirklich froh, daß Peter hier ist. Bevor ich ihn getroffen hatte, war ich lange Zeit allein in China unterwegs gewesen, und auch die Strecke nach Tibet hatte ich vor, im Alleingang zu machen. Sicher wäre ich auch ohne ihn durchgekommen, das ist es nicht. Aber die Enttäuschungen und die schwierigen Situationen lassen sich viel leichter durchstehen, wenn ich sie mit jemandem teilen und anschließend darüber lachen kann.

Als wir das Haus endlich erreichen, ist es später Nachmittag. Niemand scheint dazusein, alles ist ruhig. Doch dann springen plötzlich zwei Hunde auf uns zu, bellen uns wütend an und fletschen die Zähne. Erschrocken mache ich einen Satz zurück – und beruhige mich gleich darauf wieder, sie sind angekettet.

»Hallo, ist da jemand?« rufen wir mehrmals in respektvollem Abstand von den Hunden.

Zögernd öffnet sich die Haustür, und ein Chinese tritt heraus, der uns mißtrauisch betrachtet. Über unsere Anwesenheit scheint er nicht gerade erfreut zu sein. Sein Gesicht ist braungebrannt und furchig, der verwaschene blaue Arbeitsanzug ausgefranst und voller Löcher. Wie in China üblich, hat er die Hosenbeine bis zu den Oberschenkeln aufgerollt und enthüllt so seine knotigen Beine und bloßen Füße, die in Plastiksandalen stecken. Er mustert uns schweigend, während ich ihm unsere Geschichte erzähle. Dann winkt er uns herein. Er stellt uns seine Tochter und seinen Schwiegersohn vor. Ihr Leben muß doch sehr einsam sein, denke ich. Die drei wohnen alleine hier, das nächste Dorf ist weit entfernt.

Das Haus ist eine Art Straßenstation. Entlang der Straßen in Richtung Tibet und in Tibet selbst findet man sie etwa alle zwanzig Kilometer. Die Leute, die dort arbeiten und wohnen, sind für die Wartung der Straße verantwortlich. Allzu beschäftigt scheint unser Gastgeber allerdings nicht zu sein. Stolz zeigt er mir ein Gewehr und erzählt, daß er damit oft in den Wäldern jagen geht. Einen der Hunde hat er extra dafür abgerichtet.

Zum Abendessen gibt es Reis und scharf gewürzten Kohl mit winzigen eingelegten Fischen. Der Alte entschuldigt sich, daß er uns nichts Besseres anbieten kann, dann hört er den ganzen Abend konzentriert Radio.

Schon früh gehen wir alle schlafen. In einer Rumpelkammer,

vollgestellt mit Brettern, alten Möbeln, Koffern und Krimskrams, findet sich ein Bett für mich. Für Peter macht der Mann Platz in seinem eigenen Schlafzimmer.

Erst beim Frühstück taut der Alte richtig auf und wird gesprächig. Er freut sich, als Peter ihm amerikanische Zigaretten gibt, die wir in Chengdu für die Lkw-Fahrer mitgenommen haben. Amerikanische Zigaretten sind in China nur schwer zu bekommen, auf dem Land gar nicht, und deshalb ein heißbegehrter Luxus. Hier sind Zigaretten noch das, als was sie bei uns in der Werbung so gern dargestellt werden: Symbol der Männlichkeit. Jeder Mann raucht, sonst wird er nicht für voll genommen. Rauchende Frauen dagegen sieht man nur äußerst selten.

Wir schlürfen gerade die in China übliche Frühstücks-Nudelsuppe, gewürzt mit beißendscharfem Chili im Sichuan-Stil, als mir plötzlich einfällt, daß heute ja der Bus von Markham nach Rongzhag vorbeikommen müßte.

»Stimmt, aber das dauert noch etwas, ihr braucht euch nicht zu beeilen«, sagt der Schwiegersohn. Er läßt sich nicht davon abbringen, uns Reiseproviant mitzugeben, und kocht gerade Eier. Wir sitzen wie auf heißen Kohlen.

»Noch einen Moment, die Eier sind gleich fertig!«

Da brummt es draußen. Wie elektrisiert springen wir auf und rennen auf die Straße – zu spät! Wir sehen gerade noch das Hinterteil des Busses um die Kurve verschwinden.

»*God verdomme!*« schreit Peter.

»Die Eier sind fertig!« Der Schwiegersohn hat es so nett gemeint – aber in diesem Moment bin ich doch versucht, ihm die Eier an den Kopf zu werfen.

Wieder bleibt uns nichts übrig, als die Rucksäcke zu schultern und loszuwandern.

»Gute Reise!« ruft die ganze Familie uns noch hinterher und winkt.

»Vielen Dank für alles!« Dann sind wir wieder allein.

Trotz der Enttäuschung, daß wir den Bus verpaßt haben, ist es herrlich, durch die paradiesische Landschaft zu wandern. In der

Sonne leuchten die weißen Schneegipfel auf, unter dunkelgrünen Tannen erstreckt sich ein Tal voller bunter Blumen, und ab und zu blitzt ein kristallklarer Bach auf. Vögel zwitschern, Insekten sirren, und die Luft riecht würzig nach Wald und Wiese. Außer uns scheint hier niemand unterwegs zu sein.

Von unseren Gastgebern haben wir erfahren, daß wir schon 4000 Meter hoch sein sollen. Beim Atmen merke ich, daß die Luft dünn ist, ich schnaufe angestrengt, obwohl es leicht bergab geht. Je später es wird, um so mehr scheint der Rucksack zu wiegen. Ich kämpfe mich von Kilometerstein zu Kilometerstein und spitze die Ohren. Vielleicht kommt ja doch noch ein Fahrzeug vorbei. Während der ganzen Zeit haben wir nur zwei Autos und einen Lastwagen gesehen, und die hielten nicht an.

Dann – es ist schon Nachmittag – überholt uns jemand. Es ist ein Tibeter, der auch zu Fuß unterwegs ist. Er lacht uns an und sagt, er wohne gleich um die Ecke. Wenn wir Lust hätten, könnten wir auf einen Tee mitkommen.

Sein Haus sieht von außen gar nicht tibetisch aus. Es ist aus Bruchsteinen gebaut, spitzgiebelig und mit bemoosten Ziegeln bedeckt. Die Tür ist so niedrig, daß wir uns beim Eintreten bücken müssen. Im ersten Moment sehe ich gar nichts, nach dem grellen Sonnenlicht draußen ist es hier drinnen stockfinster. Fenster gibt es keine, Licht fällt nur durch die geöffnete Tür und durch den Rauchabzug über der großen Feuerstelle. Allmählich gewöhnen sich unsere Augen an das Dämmerlicht. An der Wand sind auf einem Regal Schalen und Teller aufgereiht, in der Ecke steht ein hölzerner Butterstampfer. Es gibt weder Tisch noch Stühle, man sitzt auf dem Boden um die Feuerstelle in der Raummitte herum. Schwer hängt der Geruch nach Rauch und Yakbutter in der Luft.

Aus dem Nebenzimmer tritt eine Frau herein. Erschrocken bleibt sie stehen und starrt uns an. Fast hätte sie das kleine Kind auf ihrem Arm fallen gelassen. Zwei Ausländer in ihrem Wohnzimmer, das ist ein Schock!

Doch dann holt sie Kissen heran und lädt uns ein, Platz zu nehmen. Neugierig mustert sie uns und kichert. Anscheinend sehen wir sehr komisch aus. Sie schenkt uns tibetischen Tee ein, ein

Landschaft in Ost-Tibet

Gemisch aus mit Soda versetztem Tee, Salz und Butter. Solange die Butter nicht ranzig ist, schmeckt dieses Getränk gut. Mehr nach Bouillon als nach Tee.

Wir unterhalten uns, und jetzt tut es mir doch leid, daß ich vorher kein Tibetisch gelernt habe. Als ich diese Reise plante, war ich in Hongkong auf der Suche nach einem Tibetisch-Lehrbuch gewesen. Vergeblich. In den Buchläden der Volksrepublik meinten die Verkäufer nur: »Tibetisch? Wozu? Tibet gehört doch zu China. Die Tibeter haben alle Chinesisch gelernt.«

Trotzdem – Chinesisch ist hier nicht gerade beliebt, und ich schäme mich manchmal, mit Tibetern gerade die Sprache ihrer Besatzer zu sprechen.

Das Bellen des Hofhundes schreckt uns auf. Ein Chinese kommt gebückt durch die Tür und grüßt. Peter und mich beachtet er nicht weiter. Wie wir später erfahren, ist er ein Kader, der gekommen ist, um über die Getreideernte zu sprechen.

Das System in China ist folgendes: Das ganze Land ist wie ein Puzzle aufgeteilt in große und kleine Teile. Zuerst in Provinzen, die aus Städten und Kreisen bestehen, und die wiederum aus Stadtbezirken und Dörfern. Das kleinste Teilchen in den Städten ist die *danwei*, die Arbeitseinheit. Das kann eine Fabrik sein, eine Universität, auf dem Land entspricht ihr die Dorfgemeinschaft. Jeder Einwohner Chinas ist in dieses Raster eingegliedert, und die *danwei* ist die staatliche Kontrolle über das Individuum. Will ein Chinese heiraten – muß er erst die *danwei* fragen. Möchte er eine andere Wohnung – muß er warten, bis die *danwei* ihm eine zuteilt. Um zu verreisen – braucht er ihre Zustimmung. Sogar die Familienplanung übernimmt die *danwei*, nur ein Kind pro Familie ist erlaubt. Das gilt allerdings nicht für die ethnischen Minderheiten, die so viele Kinder haben dürfen, wie sie wollen.

Bei diesem System läuft alles über *guanxi*, Beziehungen, und über Bestechungen. Talente oder Fähigkeiten spielen keine Rolle, wenn man etwas erreichen will. Hauptsache, die *guanxi* zu den richtigen Leuten stimmen.

Die Bauern bewirtschaften zwar kein eigenes Land, aber sie bauen in eigener Verantwortung an. Mit der Dorfvertretung schließen sie dann einen Vertrag über die Getreidemenge, die sie zu festgesetzten Preisen verkaufen wollen. Darüber hinaus können sie auch Obst und Gemüse zu offenen Preisen auf dem freien Markt anbieten.

»Die staatlich festgesetzten Preise sind so niedrig«, klagt der Tibeter. »Wie soll ich damit überleben?«

Der Chinese ist solche Gespräche anscheinend gewöhnt. Er antwortet in vielen schönen Worten, aber der Bauer guckt immer noch skeptisch. Auch er kennt diese Art Antworten wahrscheinlich bestens.

Als der Chinese sich verabschiedet, machen auch wir uns wieder auf.

»Ihr könntet ja gerne hier schlafen«, sagt der Tibeter, »aber ihr seht selbst, hier ist kein Platz. Ein klein bißchen weiter die Straße runter ist eine Straßenstation. Da könnt ihr sicher bleiben.«

Dort werden wir freundlich aufgenommen, und wir verbringen

einen lustigen Abend. Die Leute hier sind teils Chinesen, teils Tibeter. Sie besitzen einen Kassettenrekorder, und Peter schenkt ihnen zwei Kassetten mit Pop-Musik. Sie sind überglücklich, westliche Pop-Musik ist zur Zeit der letzte Schrei bei Chinas Jugend.

»Von hier bis zum nächsten Ort sind es noch zwanzig Kilometer«, sagt Xu Wenlin, der Chef der Straßenstation. »Dort könnt ihr dann einen Bus nehmen.«

»Zwanzig Kilometer, noch einen ganzen Tag laufen«, seufze ich.

»Wißt ihr was, wir bringen euch mit dem Fahrrad hin! Ihr könnt auf dem Gepäckträger sitzen«, schlägt er vor.

»Aber das ist doch viel zu anstrengend!« protestiere ich.

»Ach wo! Wir transportieren oft schwere Lasten mit dem Fahrrad, das sind wir gewöhnt. Außerdem müssen wir morgen sowieso in die Stadt.«

Nach dem Frühstück geht es los. Wir können nur staunen, wie rasch die Rucksäcke aufgeladen sind. Einen bindet Xu Wenlin rechts, einen links neben das Hinterrad. Auf den Gepäckträgern der beiden anderen Räder nehmen wir dann Platz.

Ganz wohl in meiner Haut fühle ich mich nicht, als wir abfahren. Ich komme mir vor wie eine Europäerin im kolonialen China, die ein Rikscha-Kuli im Schweiße seines Angesichts durch die Straßen zieht. Zum Glück geht es meistens bergab, da können sie die Räder rollen lassen, sobald es bergauf geht, springen wir ab – und schon sind wir in Lianghekou.

Die »Stadt« ist nicht mehr als eine Ansammlung von ein paar Häusern, einem Laden und einer Bushaltestelle. Die Häuser sind zum großen Teil baufällige Holzhütten, vor dem Laden ist ein Pony angebunden. Das Ganze sieht aus wie die Staffage für einen Wildwestfilm.

Von hier fährt ein Bus in den nächsten Ort, nach Zainlha (Xiaojin). Auf dem kurzen Stück werden wir zweimal von dem gellenden Schrei unserer Mitreisenden aufgeschreckt: »Ein Unfall!« Das reißt alle von den Sitzen. Endlich ist was los! Sie stürzen auf die dem Unfall zugewandte Busseite und kleben am Fenster. Wir sehen nur flüchtig, was passiert ist. Das erste Mal ist ein Bus auf die Seite gekippt, und dann ist es ein Lastwagen, der im Abgrund neben der Straße liegt.

»Huch, da liegt ein Toter!« ruft jemand.

»Wo? Wo?«

Es klingt makaber. Niemand ist erschrocken, da ist nur die große Sorge, man könnte eventuell etwas Interessantes verpassen. Niemand denkt daran, anzuhalten und nachzusehen, ob man nicht vielleicht helfen könnte.

Schon oft habe ich Unfälle auf Chinas Straßen gesehen, die zum Glück meistens glimpflich ablaufen. Immer wieder sind Lastwagen oder Busse überladen oder kaputt und rutschen dann in den Graben. Aber da kaum jemand schneller als dreißig fährt, kommen die meisten mit einem blauen Auge davon.

Trotzdem wird mir ein wenig mulmig zumute. Tag für Tag vertrauen wir uns uralten, schrottreifen Fahrzeugen und übermüdeten Fahrern an. Wie schnell könnte auch uns etwas passieren!

In Zainlha steigen wir um in den Bus nach Rongzhag. Doch dann wird es schwierig, denn von Rongzhag bis auf die große Straße nach Gartar (Qianning) sind es 84 Kilometer, und es gibt keinen Bus.

»Abends geht vielleicht, vielleicht ein Postauto«, erfahren wir. Darauf wollen wir nicht warten, und so wandern wir wieder mal los. Es dauert auch nicht lange, bis ein Lkw stoppt und uns mitnimmt. Eisig kalt ist es auf der Ladefläche, aber was für ein wunderbares Gefühl, dort zu stehen, den harten Wind zu spüren, der die Haare zaust! Rundum Berge, erst kahl und schroff, dann grüner und sanfter, Dörfer, die in den Felsen hängen, die durch die Bäume blitzende Sonne im Gesicht.

Doch nach 40 Kilometern muß der Fahrer abbiegen, und wir stehen wieder auf der Straße. Gerade überlegen wir, ob wir warten oder besser weitergehen sollen, als ein Traktor angetuckert kommt. Eigentlich ist es gar kein richtiger Traktor, er sieht eher aus wie ein langgestreckter Motor mit drei Rädern und einem Sitz. Aber er fährt, und er zieht einen Anhänger, vollgestopft mit Tibetern. Hintendran ist noch, wie ein Pferd, ein Fahrrad angebunden, auf dem ein Mann sitzt und sich mitziehen läßt. Ein Junge hat einen

Kassettenrekorder dabei, und auf dem Anhänger herrscht Highlife. Es wird fröhlich gesungen, gelacht, gegrölt und Karten gespielt.

»Schade, daß er so voll ist«, sage ich.

Auch Peter meint: »Da passen wir ganz bestimmt nicht mehr drauf«, doch da bremst das Vehikel schon.

»Wollt ihr mitfahren?«

Alle rücken noch ein bißchen enger zusammen, und wir können uns gerade noch an den äußersten Rand quetschen. Halb hängen wir in der Luft, und bei jeder Erschütterung fallen wir fast herunter. Bei der Geschwindigkeit wäre das allerdings auch nicht weiter schlimm.

Die Traktorfahrt dauert nicht lange. Nach drei Kilometern beginnt der Motor verdächtig zu spucken, dann erstirbt er.

»*Huaile!*« Kaputt. Die Fahrzeuge in Tibet sind alle mehr oder weniger *huaile*. Es sind zum größten Teil uralte Modelle, und die große Höhe tut dem Motor sicher auch nicht gut.

Zwei Männer sind schwitzend mit Reparieren beschäftigt. Es dauert lange, aber niemand ärgert sich über »vertane« Zeit. Alle nehmen es gelassen. Man dreht eben die Musik noch mehr auf und spielt noch eine Runde Karten.

»Aaaaah!« johlen alle im Chor, als der Motor wieder läuft, doch schon nach wenigen Kilometern halten wir erneut. Hier ist Endstation für uns. Die Leute waren auf der Suche nach einem schönen Picknickplatz, und hier, auf einer Wiese am Bach, gefällt es ihnen. Picknicken ist die Lieblingsbeschäftigung aller Tibeter. Wann immer sich eine Gelegenheit bietet, packen sie eine Thermoskanne mit Buttertee ein und suchen sich einen schönen Platz. Dort lagern sie dann stundenlang und erzählen, spielen, trinken Tee.

»Wie weit ist es denn noch bis Gartar?« frage ich einen der Tibeter. Er überlegt.

»Nicht weit«, meint er.

»Noch 25 Kilometer«, schätzt Peter, während er die Karte studiert. Vorher gibt es kein Dorf und keine Straßenstation mehr, und es ist schon Nachmittag. Trotzdem entschließen wir uns, zu Fuß weiterzugehen.

Das Laufen ist hart. Ohne schützenden Schatten brennt uns die

Sonne erbarmungslos direkt auf den Kopf, unsere Füße wirbeln kleine Staubwolken auf. Die Straße scheint sich endlos zu dehnen, bergauf, bergab, bergauf, kein Fahrzeug weit und breit.

Die Landschaft wird zusehends wilder, ab und zu kauern schwarze Nomadenzelte auf den steinigen Wiesen. In ihrer Nähe grasen wollige Yaks, Ziegen und Schafe. Ich habe Lust, näher heranzugehen, aber da sind die riesigen, schwarzen tibetischen Wachhunde. Sie bellen und knurren uns auch jetzt schon drohend an, dabei sind wir noch weit entfernt.

Der größte Teil der tibetischen Bevölkerung besteht aus seßhaften Bauern, die sich in den fruchtbaren Flußniederungen niedergelassen haben. Ungefähr 25 Prozent sind Nomaden, Hirten, die über die Hochebene ziehen. Sie halten vor allem Yaks, riesige Rinder mit langen, schwarzen Zottelhaaren, die sich nur in großen Höhen richtig wohl fühlen. In der Ebene kümmern sie traurig vor sich hin.

Ein Leben ohne Yaks ist für einen tibetischen Nomaden unvorstellbar. Er wohnt in einem Zelt aus Yakhaar, kocht Tee mit Yakbutter auf einem Feuer aus getrocknetem Yakdung, spinnt Yakwolle und dreht Yakhaarseile. Er ißt Yakfleisch, das in der Luft getrocknet und so für Monate haltbar gemacht wird. Die Yakbutter kommt nicht nur in den Tee, sie ist auch der Brennstoff für die Lampen in den Klöstern, und die Tibeter fetten sich damit, wie mit einer Creme, das Gesicht ein. Der Geruch nach Yakbutter scheint wie eine Wolke über ganz Tibet zu lasten.

Felle und Fleisch tauschen die Nomaden auch gegen Gerstenmehl ein, Tsampa genannt. Tsampa ist das Grundnahrungsmittel der Tibeter, und um es herzustellen, wird die Gerste erst leicht geröstet und dann gemahlen.

Tsampa zu essen ist gar nicht so einfach: Man nehme zuerst eine Schale mit einem Rest Buttertee, in die man eine gute Portion Tsampa schüttet. Die Kunst ist nun, Mehl und Tee so zu vermischen, daß ein fester Teigkloß entsteht. Dazu hält man die Schale in der Handfläche und drückt erst nur den Zeigefinger derselben Hand in das Mehl. Jetzt muß man die Schale drehen und dabei das Ganze umrühren. Vorsicht, Vorsicht! Das staubende Mehl fliegt sonst in alle Himmelsrichtungen davon. Dann nimmt man Mittel- und Ringfinger dazu und rührt schneller und schneller. Das Endergebnis sollte ein Teigkloß sein, der einem dann wie ein Stein im Magen liegt. Tsampa ist unglaublich nahrhaft.

Die Nomaden bleiben hinter uns zurück. Der Gedanke, daß wir heute, falls kein Lastwagen mehr kommen sollte, bei ihnen übernachten könnten, ist beruhigend. Leise im Hinterkopf habe ich die Hoffnung auf das Vielleicht-vielleicht-Postauto noch nicht aufgegeben.

Allmählich kann ich nicht mehr. Die Sonne steht schon tief. Ich bleibe einen Augenblick stehen, nehme den Rucksack ab und strecke die verkrampften Schultern. Wenn ich so zurückschaue und mir die Serpentinen betrachte, haben wir doch schon ein ganz schönes Stück geschafft!

Im ersten Moment sieht es aus wie eine Fata Morgana. Dort, ganz unten, hängt eine Staubwolke über der Straße. »Das Postauto!« Gleich werden wir in Gartar sein.

Auf der offenen Ladefläche können wir uns ausruhen, und nach ein paar Minuten haben wir den Berg hinter uns gelassen. Es wird flacher und weiter, die Wiesen leuchten zartgrün, die ersten Häuser tauchen auf.

Da liegt sie nun endlich vor uns, die Straße nach Lhasa. Noch 1800 Kilometer, und wir sind da!

»Für die letzten 300 Kilometer haben wir fünf Tage gebraucht«, sagt Peter. »Das macht noch einen ganzen Monat bis Lhasa.«

»Vorausgesetzt, wir werden zwischendurch nicht noch mal zurückgeschickt!«

Das erste, was uns in Gartar auffällt, sind die Khampas.

Das Gebiet hier, das heutige West-Sichuan, gehörte früher zu Tibet, zur Provinz Kham. *Pa* bedeutet Volk, Khampas sind also einfach die Leute aus Kham. Sie sind Nomaden und bekannt für ihre Rauheit, waren berüchtigt als Räuber, die die Wege unsicher machten und mit Vorliebe durchziehende Händler ausraubten.

Die Khampas sind ein besonders stolzer und eigensinniger tibeti-

Die Khampas sind ein stolzer Menschenschlag

scher Menschenschlag, auffallend groß und kräftig. Ihre Haare, und zwar von Frauen und Männern, sehen aus, als wären sie noch niemals gekämmt oder geschnitten worden. Manchmal reichen sie ihnen bis zu den Hüften und werden entweder zu struppigen Zöpfen geflochten oder wie ein Strick zusammengezwirbelt und dann wie ein Turban um dem Kopf zusammengedreht. Als Zierde flechten sie leuchtendrote Bänder hinein. Einige Khampas tragen dazu

Wildwest-Schlapphüte aus Filz. Über der Schulter hängt ihnen ein weiter Ledermantel, das Fell nach innen, oft bleibt die andere Schulter frei. Die Ärmel sind so lang, daß sie über den Boden schleifen. Im Gürtel steckt ein Messer, manchmal tragen sie auch ein Gewehr bei sich, und sie sind gern zu Pferd unterwegs. Modisches Statussymbol ist eine spiegelnde Sonnenbrille.

Khampas haben eine ganz andere Art an sich als die Chinesen oder die Tibetaner, denen wir bis jetzt begegnet sind. Sie bleiben nie auf Distanz, sind immer ganz direkt, wollen alles angucken und anfassen. Zack, da hat mir schon einer die Landkarte aus der Hand gerissen. Und, schwupp, zieht einer ein Buch aus meinem Rucksack. Sie lachen dabei, aber ich kann mich nicht entspannen und traue ihnen nicht ganz. Die Stimmung knistert ein bißchen, das Lachen ist nicht nur gutmütig, schwankt zwischen Spaß und Ernst. Vielleicht bilde ich mir das ja auch nur ein, aber ich bin doch froh, als endlich der Hotelbesitzer kommt und uns in unsere Zimmer bringt. Alle Khampas poltern nach uns die Stiege hinauf, und als sie sich in die enge Kammer drängen, nimmt mir der Geruch nach ranziger Butter und Schweiß, der in ihren Kleidern hängt, fast den Atem.

Dies soll also die Luxussuite sein, dabei sieht das Zimmer aus wie gewöhnlich: zwei Betten, mit schmierig grauen Laken bezogen, ein wackliger Stuhl, eine Waschschüssel und eine nackte Glühbirne, die von der Decke baumelt. Die Wände sind aus splittrigem Holz und streckenweise mit vergilbten Zeitungen tapeziert.

Nachdem die Khampas alles angeguckt haben, gehen sie wieder hinaus, um auf der Straße Billard zu spielen. Das ist zur Zeit große Mode. Überall in China sind die Billardtische wie Pilze aus dem Boden geschossen, stehen in Spielhallen, illegal in Hinterzimmern oder einfach auf der Straße und sind immer voll besetzt.

Wir sind zum Umfallen müde, aber erst gehen wir noch etwas essen. Den ganzen Tag über haben wir uns nur von getrockneten Aprikosen und Erdnüssen ernährt, und mein Magen knurrt schon mächtig. Viel Auswahl gibt es nicht im Restaurant von Gartar, so nehmen wir eben notgedrungen, was da ist: gebratene Zwiebeln mit einem Fettklumpen, der als Fleisch verkauft wird. Dazu gibt es wäßrigen Reis.

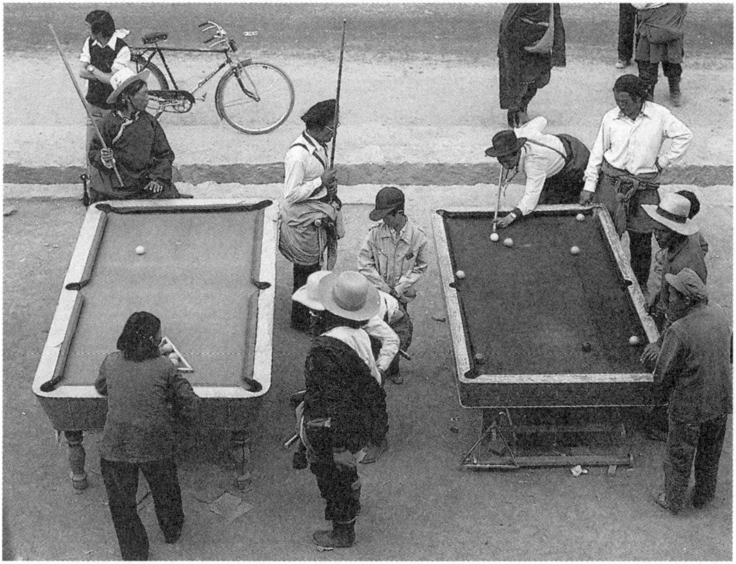

Überall in China und Tibet populäres Freizeitvergnügen: Straßenbillard

Zum Schlafen kommen wir in dieser Nacht nicht, Ungeziefer hält uns wach. Ob es Flöhe sind oder Wanzen, weiß ich nicht, auf jeden Fall werden wir von ihnen grausam zerstochen. Erst am frühen Morgen falle ich in einen unruhigen Schlaf, und als ich aufschrecke, ist es schon hell, sieben Uhr. Zu spät zum Trampen, denn um diese Zeit sind die meisten Laster schon weg. Einen Bus gibt es heute auch nicht, und der Tag ist grau, kalt und nieselregnerisch.

Auf unseren Rucksäcken hocken wir an der Straße und sind denkbar schlechter Stimmung. Ein Khampa kommt vorbei und zieht fest an meinen blonden Haaren, wahrscheinlich will er prüfen, ob sie echt sind. Heute morgen habe ich keinen Sinn für Humor und bin sauer, ich will nur in Ruhe gelassen werden. Der Khampa ist verwirrt und versteht das nicht. Schließlich hat er doch nur Spaß gemacht.

»Gehen wir erst mal frühstücken«, sage ich.

Mittlerweile ist es zehn Uhr, eigentlich zu spät fürs Frühstück. Das Restaurant ist leer und die heiße Sojamilch kalt geworden. Wir nehmen trotzdem zwei Schalen und die übriggebliebenen *you tiao*. Das sind fritierte Stangen aus einer Art ungesüßtem Brühteig, die man in die Sojamilch tunkt. Das Restaurant ist denkbar ungemütlich. Es hat den Charme einer Garage, wie alle staatlichen Restaurants. Erst die seit kurzem zugelassenen Privatrestaurants bringen etwas Pfiff in Chinas Einheitsgastronomie.

Die Restaurants hier an der Straße nach Lhasa sind von Chinesen für Chinesen eingerichtet worden. Tibeter nehmen immer genug Tsampa-Vorrat für die gesamte Reise mit, während die Chinesen auf ihren gewohnten Reis auch im »hinterwäldlerischen« Tibet nicht verzichten wollen.

Ein auffallend gut gekleideter Tibeter setzt sich zu uns. Er spricht fließend Chinesisch. Auch zwei Worte Englisch kennt er.

»Change money?« raunt er mir zu.

Er möchte Dollars oder DM. Damit können wir zwar nicht dienen, aber er hilft uns trotzdem weiter, als er hört, daß wir eine Mitfahrgelegenheit suchen. Sein Freund bricht gleich auf nach Dawu, dem nächsten Ort in Richtung Lhasa, und kann uns sicher mitnehmen.

»Ihr müßt euch aber beeilen, ich weiß nicht, ob er noch da ist!« In aller Eile packen wir unsere Rucksäcke und laufen nach draußen. »Da vorne, das ist er.« Der Freund ist gerade am Beladen und hat nichts dagegen, daß wir uns zu den beiden Tibetern, die auch nach Dawu wollen, auf die Ladefläche setzen. Er wirft uns noch ein paar Säcke vor die Füße, dann fahren wir los. Diesmal können wir nicht im Fahrtwind stehen, doch durch eine Lücke zwischen Plane und Holzverschlag kommt Luft und Licht herein. Viel von der Landschaft sehen wir allerdings nicht.

»Uff, da haben wir ja Glück gehabt«, sagt Peter und läßt sich mit Schwung auf seinen Rucksack fallen. Wumm – wird er quer über die ganze Ladefläche geschleudert. »Der fährt aber rasant!«

Rasant ist gar kein Ausdruck. Wir müssen uns mit aller Kraft irgendwo festklammern, um nicht ständig hin und her geworfen zu werden. Durch den Schlitz unter der Plane sehe ich immer wieder

Laster hinter uns zurückbleiben, die unser Fahrer mit kreischenden Reifen überholt hat. Dabei ist die Straße an vielen Stellen nicht breiter als einspurig. Fahrzeuge, die sich hier entgegenkommen, müssen vorsichtig aneinander vorbeimanövrieren.

Nach einer Stunde halten wir plötzlich. Mit weichen Knien klettere ich hinunter auf die Straße. Doch wir sind noch nicht da, wir haben nur neben einem liegengebliebenen Lkw angehalten, der Hilfe braucht. Froh über die Pause setze ich mich in die Sonne, die immer häufiger zwischen dunklen Wolken hindurchzwinkert.

Unser Fahrer hockt sich neben seinen Kollegen auf den Boden, und ab und zu hilft er ihm ein bißchen beim Reparieren. Aber die meiste Zeit ist er damit beschäftigt, mit dem anderen Fahrer eine Flasche Schnaps zu leeren. Nachdem alle die Lastwagen, die er gerade halsbrecherisch überholt hatte, an uns vorbeigebraust sind, steigt er leicht schwankend wieder ein.

»Sollen wir wirklich weiter mitfahren?« frage ich. »Der Fahrer ist stockbesoffen.«

Schicksalsergeben sitzen die beiden Tibeter schon wieder auf der Ladefläche. Ungeduldig drückt der Fahrer auf die Hupe, wir sollen uns beeilen.

»Na ja, wir sind sicher bald da«, sagt Peter. »Dawu kann eigentlich nicht mehr weit sein.« Und so steigen wir wieder ein.

Wir krallen unsere Finger um das Dachgestänge, und die Horrorfahrt beginnt erneut. Unsere beiden Mitfahrer haben auch Angst. Der eine ist käsiggrün im Gesicht, und der andere sagt immer wieder: »Keine Angst, keine Angst!«, was sich anhört, als wolle er damit hauptsächlich sich selbst beruhigen.

Mit blauen Flecken übersät erreichen wir am Nachmittag Dawu. Erleichtert und mit zitternden Knien lasse ich mich auf eine Bank fallen. Der Fahrer ist schnell verschwunden. Vermutlich schläft er irgendwo seinen Rausch aus.

Eine Panne nach der anderen

»Dalai Lama picture, guchi guchi!«

Wir sind von Tibetern umringt, darunter ein paar Mönche, die ihre Hand zur Faust geballt haben und bittend die Daumen emporstrecken. Alle wollen sie ein Bild vom Dalai-Lama, den sie nach dreißigjähriger chinesischer Besatzung und trotz seines Exils in Indien noch immer als ihr Oberhaupt verehren.

Leider haben wir nur zwei Dalai-Lama-Bilder dabei, für besondere Anlässe. Schade, denke ich jetzt, ich hätte doch noch mehr aus Hongkong mitbringen sollen!

Aber selbst, wenn wir Dalai-Lama-Fotos waschkörbeweise mitgebracht hätten, es wären doch noch nicht genug. In jedem tibetischen Ort zwischen Chengdu und Katmandu werden wir bestürmt: *»Dalai Lama picture, guchi guchi!«*

Von Dawu aus sind wir hierher, nach Garze, gefahren und stehen jetzt vor dem kleinen Kloster. Niemand spricht Chinesisch oder Englisch, niemand kann uns also etwas erklären, und so sind wir allein auf den optischen Eindruck angewiesen. Ein paar Mönche überqueren mit Wassereimern den Hof, offensichtlich wird das Kloster bewohnt. Es ist frisch getüncht, die Wände leuchten weiß, und um die Fenster sind tiefschwarze Rahmen gemalt.

Tibetische Klöster, wie auch die Wohnhäuser, verjüngen sich nach oben hin. So erwecken sie, obwohl sie aus schweren Steinmauern gebaut sind, den Eindruck von Leichtigkeit und Schwerelosigkeit. Um die Außenwände herum verläuft ein Wandelgang mit in einer Reihe nebeneinander aufgehängten Gebetsmühlen. Eine alte Frau umkreist das Kloster im Uhrzeigersinn. Unablässig murmelt sie *»Om mani padme hum«* (die Anrufung Buddhas: »O du Kleinod in der Lotosblüte«) und versetzt einer Gebetsmühle nach der anderen einen Stoß. Die Gebetsmühlen sind zylinderförmige, innen hohle Behälter, in denen sich mit Gebeten und Sutren bedruckte Papierstreifen befinden. Werden die Gebetsmühlen angestoßen, drehen sie sich und lassen die Gebete rotieren.

Solche Gebetsmühlen gibt es auch in kleinerer Ausführung, so daß man sie in der Hand bei sich tragen kann. Gebete werden auch

Das kleine Kloster in Garze

auf Stoffstreifen gedruckt und diese dann wie Fähnchen an den Rändern der Hausdächer befestigt. Dort wehen sie wie leuchtend bunte Wäsche auf der Wäscheleine, und der Wind trägt das *Om mani padme hum* himmelwärts.

Ähnlich dem christlichen Rosenkranz tragen die Tibeter Gebetsketten bei sich, die aus hundertundacht – der heiligen buddhistischen Zahl – Perlen bestehen. Pausenlos wandert die Kette durch ihre Finger, jede abgezählte Perle ein *Om mani padme hum.*

Für einen Tibeter ist die Religion untrennbar mit seinem Leben verbunden. Religion ist nicht beschränkt auf das Beten in der Kirche, sondern alltägliche Gegenwart. Götter und Geister und die Hoffnung auf eine glückliche Wiedergeburt sind allgegenwärtig. Der Buddhismus ist so in die Gedankenwelt der Menschen integriert, daß etwa die Wiedergeburt keine Glaubensfrage, sondern eine Tatsache für sich ist. Das jetzige leichte oder harte Leben resultiert für einen Tibeter aus den guten oder schlechten Taten seines vorherigen Daseins, und sein Handeln heute wiederum bestimmt, in welches Leben er als nächstes hineingeboren wird. Deswegen das Drehen der Gebetsmühlen. Jedes *Om mani padme hum* wird für dieses Leben auf der Positiv-Seite vermerkt. Eine Erlösung aus diesem Kreislauf, den Eingang ins glückliche Nichts, ins Nirwana, gibt es nur durch schrittweise Läuterung.

In Tibet hat sich der Buddhismus mit dem alten Bön verbunden, einer Ur-Religion voller Dämonen, Geister und Magie. So ist hier eine spezielle Form des Buddhismus entstanden, die oft Lamaismus oder tibetischer Tantrismus genannt wird.

Aus einem Nebengebäude des Klosters rattert es durchdringend. Neugierig gucken wir durchs Fenster.

»Das ist ja eine Druckerei!« Peter ist begeistert.

Ein Mönch blickt von seinem Arbeitsplatz auf und erschrickt, als er unsere plattgedrückten Nasen an der Fensterscheibe sieht. Dann kommt er zur Tür und läßt uns lächelnd herein.

Wie ich es wieder bedauere, daß ich kein Tibetisch kann! Auch hier spricht keiner Chinesisch oder Englisch. Der Krach ist ohrenbetäubend. Alles, was ich erkennen kann, ist, daß an einer Druckwalze tibetische Texte gedruckt werden. Da gibt es so viel, was ich jetzt gerne fragen würde.

Abends im Hotel erkundige ich mich bei Hu Zongwei nach dem Kloster. Er ist Chinese, seine Familie wohnt schon seit langem in Garze.

»Das Kloster ist jetzt wieder geöffnet«, sagt Hu Zongwei knapp. »Es gibt auch wieder Mönche da, aber nicht viele.«

»Wie war das denn während der Kulturrevolution?«

»Oh, da ist viel Schlimmes geschehen ...«

Genaues will er mir nicht sagen. Vielleicht war er auch irgendwie beteiligt. Chinesen, die die Zeit der Kulturrevolution miterlebt haben, erinnern mich oft an die Leute zu Hause, an die Nach-Nazizeit. Plötzlich sind alle Opfer, und niemand war Täter.

Als wir am anderen Morgen aus der Holztür treten, bin ich noch schlaftrunken und etwas benommen. Doch die eisig prickelnde Morgenluft macht mich mit einem Schlag hellwach. Der Himmel ist noch nicht ganz klar, es ist diesig und dämmerig grau, zerfaserte Wolkenstreifen halten sich an den Bergspitzen in der Ferne fest.

Wir laufen die Hauptstraße auf und ab, jeden Lkw-Fahrer sprechen wir an, doch erst am äußersten Ortsende werden wir fündig.

»Ihr müßt noch einen Moment warten«, sagt der Fahrer. »Ich geh nur eben frühstücken.«

Wir setzen uns auf unsere Rucksäcke an den Straßenrand. Sobald sich ein Lkw nähert, springen wir auf und versuchen ihn anzuhalten. Wer weiß, ob der Fahrer heute noch von seinem Frühstück zurückkommt?

Niemand hält an, und die Zeit verrinnt. Die Sonne sticht immer stärker, und wir lassen uns ein paar Meter von der Straße entfernt im Schatten eines Felsens nieder. Obwohl wir schon stundenlang erfolg- und tatenlos hier sitzen, bin ich nicht ungeduldig oder kribbelig. Im Gegenteil. Ich fühle mich warm und zufrieden wie der alte Hund, der sich auf der gegenüberliegenden Straßenseite zusammengerollt hat und träge in die Gegend blinzelt. Als säße ich in einem gigantischen Panorama-Kino, zieht das Leben auf der Straße an mir vorbei. Frauen mit noch leeren Kiepen auf dem Rücken machen sich schwatzend und kichernd auf den Weg zu den Feldern. Auf Ponys reiten Khampas vorbei, das Gewehr über der Schulter, lässig, doch ihre Augen lassen sie wachsam umherwandern. Direkt hinter ihnen schlurfen drei Mönche ins Dorf, ihre tief dunkelroten Umhänge stechen scharf vom reflektierenden Weiß der Straße ab. Die glattrasierten Schädel glänzen wie polierte Billardkugeln, und die sich stetig drehenden Gebetsmühlen in ihren Händen spiegeln die Strahlen der Sonne wider.

Mit einem Ruck sind wir plötzlich mittendrin im Geschehen. Der Fahrer kommt zurück, und bei ihm sind fünf Frauen, die unter der Last großer runder Körbe auf uns zu wanken.

Aha, denken wir und klettern schon mal auf die Ladefläche. Doch es geht noch lange nicht los. Erst werden mit viel Geschrei und Gelächter die Körbe aufgeladen, und die Tibeterinnen lassen sich gemütlich auf ihnen nieder. Dann verliere ich den Überblick. Die Frauen setzen sich hin, stehen wieder auf, neue kommen dazu, klettern auf die Ladefläche, springen wieder hinunter, laden Säcke

Keine Fahrt auf tibetischen Lastwagen ohne Panne

auf und ab. Ein Mönch gesellt sich dazu. Ein alter Mann schleppt mit Hilfe mehrerer Leute einen rostigen Kanonenofen herbei. Soweit ich das beurteilen kann, sind wir nach dem augenblicklichen Stand der Dinge voll besetzt. Doch irgendwie paßt er doch noch dazwischen, die Frauen fangen an zu singen, der Fahrer wirft mit der Handkurbel den Motor an, und wir rollen aus Garze hinaus.

Ich habe es mir gerade bequem gemacht, da gibt der Motor wieder das uns jetzt schon wohlvertraute Geräusch von sich: sput... sput... sput... Der Motor erstirbt, die Frauen lachen fröhlich.

Zufällig sind wir genau neben einem anderen liegengebliebenen Lastwagen gestrandet. Das trifft sich gut, gemeinsam repariert es sich leichter. Etwa ein Stunde basteln die beiden Fahrer schon an dem Motor herum, als drei Chinesen die Straße entlangkommen. In ihren grünen und blauen Baumwollhosen, weißen, kurzärmeligen Hemden und Aktentasche unterm Arm wirken sie zwischen den Tibetern genauso fremdländisch wie wir. Einer von ihnen kommt näher und kratzt sich verlegen am Kopf.

»Ähäm, Entschuldigung, können wir vielleicht mitfahren nach Manikango?« Wie der Vertreter einer Besatzungsmacht sieht er wirklich nicht aus.

Der tibetische Fahrer zeigt nur wortlos auf die Ladefläche, und die Chinesen quetschen sich neben uns. Tsomo, eine der Tibeterinnen, hatte gerade angefangen, sich mit uns zu unterhalten, doch nach einem Blick auf die Chinesen wickelt sie sich in ihren Mantel und schweigt. Einer der Chinesen wischt sich mit einem Taschentuch über die Stirn und stöhnt. Er findet alles *ma fan*, was in etwa »lästig, unbequem, nervtötend« bedeutet.

»*Ma fan*! Erst werden wir von der Regierung nach Tibet geschickt, und dann ist nicht mal für einen ordentlichen Jeep gesorgt. Jetzt können wir sehen, wie wir weiterkommen. Lieber heute als morgen wäre ich wieder in Chengdu.«

»Das wäre mir auch am liebsten«, flüstert Tsomo mir zu und grinst.

Der Fahrer wirft den Motor an. Beim Anfahren knirscht es ächzend im Getriebe, aber das macht anscheinend weiter nichts. Wir fahren, das ist die Hauptsache. Die Frauen singen nicht mehr, sie reden leise, mit gedämpften Stimmen. Die Chinesen schließen die Augen und dösen.

Etwa zehn Kilometer tuckern wir so dahin. Es ist eng geworden auf der Ladefläche. Ich hocke auf meinem Rucksack, die Knie angezogen, die Füße zwischen zwei Körbe geklemmt. Der Laster springt über Steine und Schlaglöcher, und jedesmal krache ich gegen die harte Rückwand. Der beißende Wind reißt uns die Worte vom Mund.

»Auch wenn es kalt ist«, brüllt Peter, »aber die Landschaft ist wunderbar.«

Da ist es wieder: sput . . . sput . . . sput . . . Der Motor röchelt, wir halten an. Erleichtert, daß wir uns wieder bewegen können, klettern wir alle hinunter und strecken die steifen Beine. Nur der alte Mann mit dem Ofen ist oben geblieben. Er ist froh, daß er jetzt endlich Platz hat, legt sich gemütlich hin und schläft ein. Der Fahrer klappt die Motorhaube hoch und beginnt, einige Teile auszubauen.

Der Mönch packt sein Bündel und geht zu Fuß weiter. Eine Zeitlang sehe ich ihn noch als roten Fleck die Straße entlangwandern, dann biegt er in die Berge ab.

Ich setze mich an den Straßenrand, lehne mich mit dem Rücken an einen sonnenwarmen, graugrünen Felsen. Mit einem Mal ist es ganz still geworden. Der heulende Wind hat sich gelegt, der zartblaue Himmel dehnt sich endlos über uns. Vor mir erstreckt sich eine weite, steinige Wiese, auf dem Berg hinter mir kann ich, wenn ich ganz genau hinsehe, ein kleines Steinhaus erkennen.

Plötzlich erklingt aus der Stille heraus Musik, die klagenden, langgezogenen, gequetschten Töne eines Muschelhorns. Einsam schwebt die Melodie in der klaren, gläsernen Bergluft. Der Fahrer hat sein Werkzeug auf dem Boden abgelegt und hört zu, auch die Chinesen lauschen. Viel zu schnell wird die Musik leiser und leiser, bis der Wind ihr Flüstern ganz davongetragen hat.

Das Wetter ist umgeschlagen. Als wir endlich weiterfahren, bläst der Wind frostig kalt durch unsere Jacken, so fest wir uns auch darin einwickeln. Dunkle Wolken ziehen sich drohend zusammen und verdecken die wärmende Sonne. Über Serpentinen schrauben wir uns höher und höher den Paß hinauf. Den Chinesen neben mir spüre ich schlottern unter seiner dünnen Baumwolljacke. Die Tibeterinnen haben sich in ihre dicken, mit Fell gefütterten Ledermäntel gehüllt. Ich hänge mir den Schlafsack um und ziehe ihn mir über den Kopf. Es fängt an zu schneien, der Fahrtwind beißt in die Zehen und kriecht beharrlich unter den Schlafsack und die Jacke. Anhand der Kilometersteine schätze ich, daß es bis Manikango noch zehn Kilometer sind. Mir ist inzwischen alles egal, Hauptsache, es dauert nicht mehr lange.

»Wir sind bald da«, sagt Peter tröstend.

Doch dann halten wir schon wieder an. Sollte der Motor etwa nicht in Ordnung sein? Bitte nicht!

»Der Fahrer hat Hunger«, sagt Tsomo. Er und die fünf Khampas, die sich neben ihn in die Fahrerkabine gezwängt haben, verschwinden hinter einer Wiese. »Das chinesische Essen im Restaurant in Manikango mögen sie nicht«, erklärt meine neue Freundin. »Da hinten sind ein paar Nomaden. Bei denen gehen sie Tee trinken, Tsampa essen und sich ein bißchen aufwärmen.«

Wir rücken alle noch etwas enger zusammen. Vor allem die Chinesen sind schon ganz blau vor Kälte.

»Wir sind bald da«, sagt auch Tsomo tröstend und läßt mich unter ihren dicken Mantel kriechen. Der Gestank nach Yakbutter und Schaf nimmt mir den Atem, aber es ist herrlich mollig und warm.

Müde und zerschlagen erreichen wir am Abend den Truck-Stop in Manikango. Truck-Stops ersetzen auf der Straße nach Lhasa meistens das Hotel. Sie bestehen aus einem großen Parkplatz und aus im Viereck darum herum gebauten Baracken. Die Baracken sind in schmale, lange Zimmer eingeteilt, in denen sich jeweils vier bis fünf Betten befinden, sonst nichts. Normalerweise hat jeder Raum nur ein kleines Fenster, und es ist entsprechend dunkel und muffig. Das Bettzeug riecht feucht und ungelüftet und sieht aus, als wäre es noch nie gewechselt worden.

In einem der Barackenräume wohnt der *fu wu yuan*, der »Hotelier«. Er hat einen kleinen Kohleofen, auf dem er zu bestimmten Tageszeiten Wasser kocht. Das ist ein sehr angenehmer Service, den es in jedem chinesischen Hotel gibt, und sei es noch so klein: Morgens und abends kann man immer eine große Thermoskanne mit heißem, abgekochtem Wasser bekommen.

Nachdem wir die Rucksäcke in unserem Zimmer abgestellt haben, holen wir als erstes so eine Kanne mit *kai shui*. Dann gießen wir uns dampfenden Tee auf, waschen uns mit dem heißen Wasser und fühlen uns sofort besser.

Tags darauf wandern wir, da uns keiner der Lkws im Truck-Stop mitnehmen will, die Straße hinauf. Da Manikango auf einem Hochplateau liegt, pfeift der Wind eisig, nimmt uns den Atem und läßt die Nasen laufen. Solange wir es aushalten, warten wir hier oben an der Straße, dann laufen wir wieder zurück zum Truck-Stop. Weil er in einer Senke liegt, ist es dort wärmer und – vielleicht ist ja inzwischen ein neuer Lkw angekommen!

Und so ist es auch. Ein Fahrer steht neben seinem modernen

Laster, er ist außergewöhnlich gut gekleidet, weder Schmutz noch Staub ist an ihm zu entdecken, keine Fettränder, alles ist wie frisch gewaschen und gebügelt. Die Schuhe blitzen, und seine strähnigen Haare glänzen pomadig. Auch sein Lächeln ist ölig, und er sieht nicht im geringsten aus wie ein Lkw-Fahrer. Als wir auf ihn zugehen, hebt er die Augenbrauen und betrachtet uns sehr von oben herab. Ich kann mir gut vorstellen, was er jetzt denkt. Man sieht uns sicher die vielen Stunden an, die wir auf den schmutzigen Ladeflächen gesessen haben. Wir sind staubig, müde, seit gestern starrt auf meiner Hose ein großer Ölfleck, und Peter ist hohlwangig und stoppelbärtig.

Sicher hat der Chinese Angst um seine Polster, als er sagt: »Bedaure, kein Platz.«

Ein anderer, der neben ihm parkt, grinst und sagt, wenn wir nichts dagegen hätten, auf der Ladefläche Platz zu nehmen, dann könnten wir mit. Er fährt heute bis Derge (Dêgê), hundertzehn Kilometer weiter. Über unseren Köpfen ist eine Plane gespannt, aber nach vorn und hinten ist sie offen. Der Fahrtwind faucht unter ihr hindurch, und wir kauern uns eng zusammen.

Als wir zu einer Rast anhalten und ich herunterspringe, schnappe ich überwältigt nach Luft. Unter uns im Tal liegt ein wunderschöner See, klar, tief und in unwirklichem Türkis, umrahmt von schwarzgrünen Tannen, über denen das grelle Weiß der Schneegipfel schimmert.

Zu diesem Weiß fahren wir jetzt hinauf, zum Khola-Shan, dem höchsten Paß zwischen Chengdu und Lhasa. Er ist fast 5000 Meter hoch, 4916 Meter, um genau zu sein. Es ist aufregend, langsam höherzuklettern und immer höher. Der Motor schnauft, wir fahren durch vereiste Felsen. Das blendende Weiß und das tiefe Blauschwarz des Himmels stechen in die Augen.

Ganz oben haben die Chinesen einen Stein errichtet, auf dem Name und Höhe des Passes eingraviert sind. Daneben sind von Tibetern Steine aufgehäuft worden, auf denen große Büschel Gebetsfahnen stecken, zerrissen vom zerrenden Wind. Jeder, der diesen Paß glücklich erreicht hat, hinterläßt in Dank und Ehrfurcht an die hier hausenden Götter einen Stein oder eine Gebetsfahne.

Wir überqueren den höchsten Paß zwischen Chengdu und Lhasa, den 4916 Meter hohen Khola-Shan

»Du hast doch einen Fotoapparat«, sagt der Fahrer zu mir. »Kannst du nicht ein Foto von uns allen hier auf dem Paß machen?«

»Warum nicht?« Ich will ihn gerade nach seiner Adresse fragen, damit ich ihm das Bild später zuschicken kann, da streckt er auch schon fordernd die Hand aus. Er will das Foto haben. Und zwar gleich.

»Erst muß ich zurück nach Deutschland und den Film entwickeln lassen ...«

Er glaubt mir kein Wort. Wütend schreit er mich an, ich hätte ihn betrogen.

»Zuschicken? Pah! Das bekomme ich doch nie! Wieso spuckt dein Apparat das Bild nicht direkt aus?«

Einen Moment lang habe ich Angst, daß er mir die Kamera entreißt und sie den Berg hinunterschleudert, doch er springt nur wutschnaubend in die Fahrerkabine und läßt den Motor aufheulen. Schnell springen wir hinten auf, bevor er uns im Schnee stehenläßt.

Am Nachmittag erreichen wir Derge mit seinem Kloster, das die Wirren der letzten Jahre fast unversehrt überlebt hat. Hierauf freue ich mich schon lange, denn Derge ist kein gewöhnliches Kloster. Hier werden noch immer, wie schon vor Jahrhunderten, auf Holzdruckstöcken die Texte der heiligen Bücher gedruckt.

Die Stadt, für tibetische Verhältnisse recht groß, breitet sich an einem Hang über dem Fluß aus. Die ineinander verschachtelten Häuser sind flachdächrig, aus Brettern oder aus Lehm zusammengebaut, vereinzelt gibt es auch Betonbaracken.

Unser Fahrer hält im Truck-Stop mitten im Ort. Eine Tibeterin kommt aus dem Zimmer des *fu wu yuan* zu uns herüber und klatscht in die Hände, als sie uns sieht: »Nein, so was! Gestern kamen auch schon zwei Ausländer! Wollt ihr mit euren Freunden im selben Zimmer schlafen? Die beiden wohnen dort hinten.«

Das Zimmer ist nicht zu verfehlen. Es ist eine Art Garage, und vor der Tür drängelt sich ein dichter Knubbel neugieriger Tibeter. Es sind tatsächlich zwei Ausländer, die da gerade ihre Wäsche aufhängen, Jutta aus Bremen und Christoph aus München. Mir kommt es seltsam vor, sie hier vorzufinden. Derge war so schwierig zu erreichen, daß ich immer angenommen habe, wir müßten die einzigen Ausländer sein, die in dieser Gegend unterwegs sind. Ich fühle mich so weit weg von allem Tourismus, als befände ich mich in einem noch unentdeckten Erdteil.

Nach der ersten Überraschung freuen wir uns und haben natürlich viel zu erzählen. Vor allem – wie sind die beiden bis nach Derge durchgekommen?

»Das war eigentlich ganz einfach«, meint Jutta. »In zwei Tagen waren wir hier.«

»In nur zwei Tagen? Wie ist das möglich?«

»Na ja, wir haben eben Glück gehabt und in Chengdu einen Lastwagen gefunden, der direkt bis hierhin durchgefahren ist.«

Peter und ich staunen. Aber wenn ich mich die letzten zwei Wochen zurückerinnere, dann bin ich im nachhinein froh, daß es nicht schneller gegangen ist. Wenn wir auch oft geflucht haben – wir haben viel erlebt und gesehen und hatten Zeit, ein Gefühl für das Land zu entwickeln.

»Hinter Derge verläuft die Grenze zwischen Sichuan und Tibet«, sagt Christoph. »Angeblich gibt es dort einen Polizeiposten, der keine Ausländer durchläßt.«

Während wir uns unterhalten, kommt ein Mann in Zivil zur Tür herein und setzt sich auf eines unserer Betten. Er fällt uns zuerst gar nicht auf, weil schon die ganze Zeit neugierige Leute durchs Fenster schauen, sich zu uns setzen, uns und unser Gepäck besichtigen und dann wieder gehen.

»*Passports!*« sagt der Mann unerwartet.

Erschreckt sehen wir uns an. Jetzt noch zurückgeschickt zu werden!

Anscheinend ist *passports* das einzige englische Wort, das er kann, denn er spricht auf chinesisch weiter. Er sieht ein bißchen schüchtern aus, und wir denken, daß er vielleicht von allein wieder geht, wenn wir ihn einfach nicht beachten. Also tue ich so, als würde ich ihn nicht verstehen. Aber er sieht wirklich nett aus und sagt, daß wir nur, bitte, bitte, die *registration form* ausfüllen sollen. Er macht einen dermaßen verzweifelten Eindruck, daß ich ihm schließlich doch auf chinesisch antworte. Erleichtert atmet er auf, er ist nicht mal sauer, daß ich ihn so lange hinters Licht geführt habe.

»Die Polizeistation ist direkt hinter dem Hotel«, sagt er. Mit sehr gemischten Gefühlen folgen wir ihm. Wenn er nett ist, gibt er uns unter Umständen vielleicht sogar noch ein *travel permit*.

In seinem Büro läßt er uns Platz nehmen, und wir bekommen Tee und klebrige Bonbons angeboten. Dann legt er uns Anmeldeformulare vor, die man sonst in Hotels ausfüllen muß. Daß wir in einem Ort sind, der für Ausländer gesperrt ist, stört ihn nicht weiter. Er will nur ganz genau wissen, was wir in Derge bereits alles fotografiert haben, und sagt immer wieder: »Keine Fotos vom Kloster, das ist streng verboten!«

Ein *travel permit* will er uns aber nicht geben. Hinter Derge beginnt ja schon Tibet. Was da passiert, geht ihn nichts mehr an.

Das Kloster in Derge lohnt all unsere Mühen und Anstrengungen. Es ist eines der ganz wenigen Klöster, die nicht oder kaum zerstört wurden. Angaben über die Zahl der tibetischen Klöster vor der Kulturrevolution schwanken zwischen sechs- und zwanzigtausend. Sicher ist, daß von ihnen nur dreizehn die Kulturrevolution einigermaßen unversehrt überstanden haben.

Die Chinesen, die in ihrem Land gerade ein kommunistisches, klassenloses System einrichteten, fanden nach ihrem Einmarsch in Tibet eine jahrhundertealte Theokratie vor. Oberstes Oberhaupt, sowohl weltlich als auch religiös, war der Dalai-Lama, unter dem ein Kabinett, die Kashag, regierte. Sie bestand aus drei Laienbeamten und einem Mönch und leitete die Verwaltung des Landes.

Die Klöster übten großen Einfluß aus, und jeder Ort, jedes Dorf, hatte mindestens eines vorzuweisen. Ungefähr fünf bis zehn Prozent der Bevölkerung bestand aus Mönchen und Nonnen. Manche Klöster besaßen eigenes Land, andere wurden von der Bevölkerung versorgt. Sie trieben auch Handel, und einige unter ihnen entwickelten sich zu richtigen Kredithaien. So ist es nicht verwunderlich, daß sie große Reichtümer anhäuften.

Sie nahmen aber auch den Platz von Universitäten ein, und wer studieren wollte, mußte daher ins Kloster gehen. Das stand jedem Jungen und im Prinzip auch jedem Mädchen, unabhängig von ihrer sozialen Herkunft, offen. Nonnen gibt es allerdings nur sehr wenige. Ihr Stand ist, von wenigen hohen Äbtissinnen abgesehen, sehr niedrig, und in der Regel dürfen sie keine höheren geistlichen Weihen empfangen. Sie haben einen niedrigeren Rang als noch der unterste Mönch.

In Tibet, das jedem Einfluß von außen feindlich gegenüberstand, wurden den Schülern keine modernen Wissenschaften oder Wissen über andere Länder beigebracht. Wie schon ihre Urväter paukten sie Allgemeinwissen wie z. B. Astronomie, Musik, Literatur, und bekamen eine gründliche buddhistische Ausbildung. So konnte ein Mönch, wenn er intelligent und fleißig genug war, Stufe um Stufe aufrücken, bis er vielleicht sogar Lama wurde. Doch die meisten jungen Mönche wollten gar nicht soviel studieren. Sie blieben als Handwerker, Maler oder Koch im Kloster, oder sie traten in die Klosterarmee ein.

Dieses in Jahrhunderten gewachsene und verkrustete System wollten die Chinesen radikal durch den Kommunismus ablösen. Die früher so mächtigen Klöster wurden entmachtet und aufgelöst, die Bauern und Arbeiter »befreit«. Doch die Tibeter waren stur. Sie wollten nicht befreit werden, sondern das bleiben, was sie immer schon waren: Buddhisten. Und so mußte es Tibet in der Zeit der Kulturrevolution besonders hart treffen. Eine Welle von Gewalt überschwemmte das Land, um »alte Ideen, alte Kultur, alte Sitten und Gebräuche« mit Stumpf und Stiel auszurotten.

1976 war der Spuk vorbei. Mao starb, die »Viererbande« wurde für die Kulturrevolution verantwortlich gemacht und entmachtet. Die Zeit der Reformen brach an. 1980 verkündete die Regierung überall im ganzen Land Religionsfreiheit. Die Tibeter begannen mit neuer Hoffnung ihre Klöster wieder zu errichten, und sie bekannten sich wieder offen zu ihrer Religion.

»Hier in Derge leben zur Zeit fünfhundert Mönche«, erzählt Lobsang, der Peter und mich durch das Kloster führt. »Früher einmal waren es viel mehr. Während der Kulturrevolution mußten die Mönche sich verstecken, aber wir hatten Glück, die Gebäude wurden nicht zerstört.« Er schweigt einen Moment. »Ich selbst bin noch einigermaßen davongekommen, ich wurde ›nur‹ ins Arbeitslager gesteckt. Viele andere wurden gefoltert und umgebracht.«

Würde er mir nicht davon erzählen – ich könnte es kaum glauben. Das Kloster wirkt so lebendig, überall sind Mönche bei der Arbeit und lachen und schwatzen.

In einem großen Raum, den wir zuerst besichtigten, werden buddhistische Texte gedruckt. Es sieht beeindruckend aus, wie da eine lange Reihe Mönche auf dem Fußboden sitzt, immer jeweils zwei sich gegenüber. Zwischen ihnen liegt der hölzerne, geschnitzte Druckstock, der etwa sechzig Zentimeter lang und zehn Zentimeter hoch ist. Ein Mönch schmiert ihn mit schwarzer Tinte ein, der andere nimmt einen Blattstreifen, legt ihn auf den Druckstock, streicht darüber und zieht das bedruckte Blatt wieder ab. Und wieder von vorn. Das Ganze geht in atemberaubender Geschwindigkeit vor sich. Ich kann gar nicht so schnell gucken, wie eingestrichen, gedruckt, eingestrichen, gedruckt wird.

»Bei dem Tempo muß doch jeden Abend die Hälfte von ihnen mit einem Herzinfarkt zusammenbrechen«, sagt Peter.

Als wir den Raum verlassen, blicke ich mich noch mal um. Langsam, ganz langsam reiben sie die Farbe auf, und langsam, noch langsamer legen sie die Blätter auf die Druckstöcke. Einer der Mönche grinst mir verschmitzt zu, und ich muß auch lachen. Was für ein Glück, daß nicht jeden Tag Touristen hierherkommen!

Die Klosterbesichtigung wird zu einer Wanderung durch das Labyrinth der Druckstock-Bibliothek. Raum hinter Raum, drei Stockwerke hoch. Zweihunderttausend hölzerne Platten lagern hier, über- und nebeneinander gestapelt. Buddhistische Texte, aber auch Bücher über Astronomie und Medizin. 555 Druckstöcke über die Geschichte des Buddhismus in Indien sind die einzigen noch erhaltenen Exemplare auf der Welt. Es ist überwältigend.

»Wie kann man denn hier die Platte finden, die man gerade sucht?« frage ich.

»Es sieht vielleicht chaotisch aus, aber hier drin steckt schon System«, sagt Lobsang. Alles ist geordnet, Beginn und Ende eines Buches sind mit weißen, heraushängenden Streifen markiert. Es erinnert mich an die Beschreibung mittelalterlicher europäischer Klosterlabyrinthe von Umberto Eco.

»Die Bücher, die wir hier drucken, sind für Klöster in ganz Tibet bestimmt. Sogar für die Provinzen Qinghai und Gansu.«

Die Bücher werden nicht gebunden, lose liegen die Blätter zwischen zwei Holzplatten. Wenn sie nicht benutzt werden, schlägt man sie in ein Tuch ein.

Dann gehen wir in einen kleinen Innenhof, wo Mönche mit schwarzen Fingern damit beschäftigt sind, die Druckstöcke zu waschen. Das tintige Waschwasser wird nicht einfach weggeschüttet – es ist heilig und wird in Flaschen abgefüllt. Entweder trinkt man es, oder man reibt sich damit ein.

Zum Schluß dürfen wir noch einen Blick in die Werkstatt werfen, in der die Buddha-Statuen geformt werden. Der Künstler modelliert sie erst aus Ton, bevor sie entweder bemalt oder vergoldet werden.

Als wir aus dem dämmerigen Kloster ins grelle Tageslicht treten, bin ich ganz benommen. Es war wie ein Besuch in einer vergangenen Welt. Die aufheulenden Motoren hier draußen, das Klingeln der Fahrräder, die Baustelle gegenüber – es kommt mir vor, als hätte ich mit einem Schritt ein anderes Zeitalter betreten.

Plötzlich ertönt Musik, Hörner und Rasseln erschallen über der Stadt, und wir sehen eine kleine Prozession den Hügel über Derge hinunterschreiten. Schnell laufen wir hin, aber wir kommen zu spät. Auf dem Hügel finden wir noch aufgespannte Gebetsfahnen und bedruckte Papierblätter. Lange bleiben wir dort oben sitzen. Über uns knattern die Gebetsfahnen im Wind, und aus dem Ort wehen vereinzelte Geräusche zu uns herauf, Hupen, Lachen, Hundegebell.

Ich bin verwirrt. Bevor ich nach Tibet kam, hatte ich mir ein Land in Schutt und Asche vorgestellt, doch hier in Derge sieht alles so normal aus, als wäre nichts geschehen. Es fällt mir schwer, mir klarzumachen, mir wirklich vorzustellen, was die Tibeter, jeder einzelne, in den letzten Jahren erdulden mußten. Wenn er nicht selbst gefoltert wurde, dann wurden es sein Vater, seine Mutter, seine Geschwister oder Freunde. Keine Familie, die nicht wenigstens ein tragisches Schicksal zu beklagen hatte. Kann ich mir wirklich vorstellen, frage ich mich, wie furchtbar es für einen Tibeter ist, wenn er gezwungen wird, seine Religion mit Füßen zu treten? Kann ich wirklich nachvollziehen, welche Bedeutung es für ihn hat, wenn er nach langen, langen Jahren endlich wieder seine Gebetsfahne aufstecken, seine Gebetsmühle drehen darf?

Und die Chinesen? Wie konnten die Chinesen, die ich in den letzten zwei Jahren so liebgewonnen hatte, hier in Tibet so grausam foltern und töten? Und doch war es so.

In diesem Moment habe ich das Gefühl, daß es unmöglich ist, dieses Land zu verstehen. Je mehr ich sehe, lerne, erfahre, um so

Dorf in Ost-Tibet. Während der Nacht ist auf den Bergen Neuschnee gefallen

klarer wird mir, daß ich eigentlich noch gar nichts begriffen habe. Jeden Tag aufs neue denke ich: Aha, so ist das also!, und am nächsten Tag merke ich dann, daß es doch wieder ganz anders ist.

Auf jeder Reise zerbricht irgendwann das alte Bild, das ich mir von einem Land gemacht hatte. Und dann merke ich, daß ich es nicht einfach durch ein neues ersetzen kann. Die Welt läßt sich eben nicht in Schemata pressen.

Endlich in Tibet

Wieder einmal laufen wir die Straße entlang. Jutta und Christoph hatten Glück. Sie haben einen Jeep mit zwei freien Plätzen ausfindig gemacht, der sie bis zu der Grenzbrücke zwischen den Provinzen Sichuan und Tibet mitnehmen will.

Peter und ich sind schon eine Stunde zu Fuß unterwegs, als uns hupend der Jeep überholt. Bis zur Brücke sind es noch eine ganze Menge Kilometer, dreißig schätzen wir, und von da bis zum nächsten Dorf noch mal ungefähr fünf. Wir trotten vorwärts. Die Situation kennen wir jetzt schon: das nächste Dorf weit entfernt, kein Fahrzeug in Sicht, das uns mitnehmen könnte. Und heute kommt noch das Problem der Brücke hinzu. Wird sie wirklich so streng bewacht, wie Christoph gehört hatte? Was machen wir, wenn wir wieder zurückgeschickt werden?

In meine Gedanken dringt Motorenlärm. Aha! Das Glück läßt uns doch nicht im Stich.

»Nein, nein«, sagt Peter und geht weiter. «Der kommt aus der falschen Richtung.«

Es ist der Jeep. »So schnell?« wundere ich mich. »Ich dachte, die wollten in der Nähe der Brücke arbeiten. In der kurzen Zeit können sie gerade nur hin und wieder zurück gefahren sein.«

Der Jeep bremst neben uns.

»Steigt ein«, sagt der Fahrer. »Wir konnten es doch nicht mit ansehen, wie ihr das ganze Stück lauft. Also haben wir erst eure Freunde abgeladen, und dann sind wir noch mal zurückgefahren, um euch zu holen.«

Dankbar klettern wir auf die Rücksitze. Die Männer sind ein Geologen-Team von der Uni in Nanjing (Ostchina) und mit Untersuchungen in diesem Gebiet beauftragt. An der Brücke lassen sie uns dann raus. Es wird für sie allmählich Zeit, mit ihrer Arbeit anzufangen.

Mit einem beklemmenden Druck im Magen schultern wir unsere Rucksäcke. Die Schranke an der Brücke ist geschlossen, ein Fahrzeug kommt da ohne Kontrolle nicht durch. Doch kein Soldat oder Polizist ist zu sehen, nur ein Wärterhäuschen. So leise wir können, schleichen wir an der Schranke vorbei. Bei jedem Schritt erwarte ich, daß wir zurückgerufen werden. Nichts geschieht. Die Geologen aus Nanjing winken uns hinterher und rufen: »Gute Reise!« Pschscht ... nicht so laut ...! denke ich. Doch zu unserem Glück ist entweder gar kein Wächter da, oder er ist taub.

Ungehindert betreten wir Tibet, die »autonome Region Xizang«.

Erleichtert rennen wir um die nächste Kurve, schnaufen und lachen glücklich. Das war halb so wild! Von Christoph und Jutta ist nichts zu sehen, sie sind sicher direkt weitergelaufen, als sie an der Brücke ankamen.

Wieder einmal geht es bergauf. Die Gegend hinter Derge ist wie ausgestorben. Kein Lastwagen, kein Bus oder Jeep überholt uns mehr. Nach zehn Kilometern zu Fuß erreichen wir Gamtog, ein winziges Dorf. Es besteht aus ein paar Häusern und einem Truck-Stop mit einer Benzinpumpe.

»Es gibt so wenig Tankstellen in Tibet, da hält hier wahrscheinlich jeder Lastwagen an. Ein idealer Platz zum Trampen«, sagt Peter hoffnungsvoll.

Es ist noch nicht allzu spät am Nachmittag, und wir beschließen, uns hier hinzusetzen und zu versuchen, ein Stück weiterzukommen. Vielleicht nimmt uns ja jemand die siebzig Kilometer nach Jomda mit, dem nächsten Ort. Bis nach Qamdo (Chamdo), der drittgrößten Stadt Tibets, sind es noch 300 Kilometer, das ist heute unmöglich zu schaffen.

Wir hocken uns also auf einen Baumstamm neben die Tankstelle und warten. Ein Chinese kommt auf uns zu, schlurft die Straße entlang. In der Hand hält er eine aus Zeitungspapier zusammengedrehte Tüte, aus der er gedankenverloren Sonnenblumenkerne knabbert. Mißtrauisch sieht er uns an.

»Ausländer dürfen nicht nach Tibet«, sagt er und spuckt uns die Hülsen der Kerne vor die Füße. »Was ihr macht, ist streng verboten.« Ein unsympathischer Mensch.

»So streng verboten auch wieder nicht«, sage ich. »Immerhin sitzen wir ja hier.«

»Wartet nur, bis ihr in Qamdo seid«, sagt er. »Weiter werdet ihr nicht kommen. Qamdo ist eine große Stadt, da gibt es viel Polizei.«

Schöne Aussichten, denke ich. »Aber . . .«, sagt er, »wo ihr schon mal hier seid . . .« Vertraulich beugt er sich zu uns herunter. »Change money?«

»Wo wohl Christoph und Jutta jetzt sind?« meint Peter, als wir im Restaurant sitzen und zu Abend essen.

»Wahrscheinlich schon in Jomda«, sage ich. »Aber uns bleibt wohl nichts anderes übrig, als im Truck-Stop zu übernachten.«

Doch das Zimmer, in das uns der *fu wu yuan* bringt, ist schon zur Hälfte belegt. Christoph und Jutta sind auch nicht weiter gekommen.

Am nächsten Tag stehen wir erst spät auf. Es ist schon lange hell, als wir uns wieder auf dem Baumstamm niederlassen. Zum Glück wissen wir noch nicht, daß wir heute den ganzen Tag hier verbringen werden. Stunde um Stunde sitzen wir am Straßenrand, spielen Dame, warten, knabbern die letzten, hart gewordenen Keksreserven und machen Witze, um uns gegenseitig etwas aufzumuntern. Alle Lastwagenfahrer, die hier anhalten, wollen entweder tanken oder ins Restaurant. Niemand ist bereit, uns mitzunehmen. Bis aus dem Haus neben dem Truck-Stop ein paar Tibeter auf uns zukommen. Einer von ihnen trägt eine bunte Thermoskanne in der Hand.

»Ihr sitzt schon den ganzen Tag hier, da müßt ihr doch sicher Durst haben«, meint er.

»Tee . . . das ist aber nett!«

Neugierig sieht er Jutta über die Schulter. »Was habt ihr denn da für ein Buch?«

Es ist Christophs Reiseführer mit vielen Farbfotos. Fasziniert blättern die Männer ihn durch.

»Lhasa! Der Potala!« Bei jeder Abbildung freuen sie sich, wenn sie etwas Bekanntes wiedererkennen.

»Das ist Derge!«

»Und hier Yischi Norbu . . .«

Yischi Norbu, glückverheißendes Juwel, nennen die Tibeter den Dalai-Lama. Liebevoll betrachten sie sein Foto, einer von ihnen drückt es an seine Stirn. Erneut bin ich überrascht und gerührt, daß die Tibeter den Dalai-Lama immer noch, vierzig Jahre, nachdem er sein Land verlassen hat, so verehren.

Unser Reiseführer findet bei Tibetern immer großes Interesse

Inzwischen ist es Nachmittag geworden. Der Himmel hat sich bewölkt, in dünnen Fäden beginnt es leise zu regnen.

»Gehen wir was essen!«

Urplötzlich schüttet es wie aus Eimern auf uns herunter. Schlitternd rennen wir über den matschigen, glitschigen Parkplatz, Jacke oder Hemd über den Kopf gezogen.

Im Restaurant ist es finster, die Luft ist dumpf und abgestanden. Ich gehe in die Küche. Mal sehen, was es zu essen gibt. Auf dem steinernen Herd, der mit Holz geheizt wird, stehen große Töpfe, in einem Regal einige Dosen Fleischkonserven, Klumpen fetten Specks und einige Zwiebeln. Ein Korb auf dem Fußboden ist angefüllt mit Grünem, Glibberigem, das aussieht wie Gummi-Algen. In einem der Töpfe kocht Reis vor sich hin. Die ganze Küche ist unbeschreiblich schmutzig, alles ist mit einer Schicht aus schwarzer Schmiere überzogen. Nicht gerade appetitanregend.

Deprimiert legen wir uns nach dem Essen erst mal zwei Stunden schlafen, müde vom Nichtstun. Nachts machen ein paar Rowdys Randale, reißen unseren Lichtschalter ab (eine Schnur, die in den

Truck-Stops draußen vor der Tür hängt), stoßen dann die Tür auf und leuchten grölend mit Taschenlampen über die Betten.

Am andern Morgen sind wir alle schlecht gelaunt und hocken wieder verdrießlich auf unserem Baumstamm. Noch ein Tag hier – hoffentlich nicht!

Doch es sieht ganz danach aus. Zuerst verspricht ein Lastwagenfahrer, uns für viel Geld mitzunehmen, dann braust er ohne uns davon. Nach ihm halten zwei neureiche Chinesen mit Sonnenbrillen, blitzenden Schuhen und blütenweißen Hemden an der Tankstelle, die beharrlich durch mich hindurchgucken, als wäre ich Luft.

Gegen Mittag dann stoppt ein Lastwagen direkt neben uns. Ein dicklicher, gemütlich aussehender Chinese klettert heraus.

»Zwei von euch kann ich in der Fahrerkabine mitnehmen«, sagt er. »Aber die Ladefläche ist voll, und zu viert paßt ihr vorne nicht rein.«

Wir hatten sowieso schon damit gerechnet, wahrscheinlich nicht zusammen weiterzukommen. Das Glück trifft Peter und mich.

»Wir finden sicher gleich auch noch was«, meint Jutta.

»In Jomda oder in Qamdo treffen wir uns dann wieder!« ruft Peter aus dem Fenster, als wir abfahren.

»Weiter als Jomda fahr' ich aber nicht«, sagt der Fahrer.

Unterwegs knattern wir an einer Gruppe Straßenarbeiter vorbei. Soweit ich sehen kann, alles Tibeter, Männer und Frauen. In zerrissenen, dreckbespritzten Kleidern arbeiten sie müde und apathisch mit Hacke und Schaufel vor sich hin. Als wir an ihnen vorbeimanövrieren, strecken sie bittend die Hände durchs Fenster: »*Tamak, tamak!*« Der Fahrer verteilt Zigaretten.

»Für die schwere Arbeit hier werden sie viel zu schlecht bezahlt«, sagt er. »Wenn ich hier vorbeikomme, nehme ich immer Zigaretten für sie mit.«

Mit einem Straßenarbeiter unterhält er sich auf tibetisch. Ich bin beeindruckt. Er ist der erste Chinese, der sich in der Landessprache unterhalten kann. Ich frage ihn, ob er in Tibet wohnt.

»Nein, nein«, antwortet er. »Ich bin in Xian, Mittelchina, zu Hause. Meine Frau und meine kleine Tochter leben dort, ich sehe sie nur alle paar Monate mal. Jetzt wohne ich in Derge und pendle mit dem Lkw durch Tibet. Wenn man bereit ist, hier zu arbeiten, kann man viel Geld verdienen, es wird gut bezahlt. Kein Chinese möchte gern hier leben, so weit weg von allem, in dem harten Klima und in der Höhe. Noch ein paar Jahre, dann habe ich genug gespart und kann aufhören. Ja, es ist schon traurig hier in Tibet. Die ›zehn Jahre Chaos‹ waren auch in China grausam, aber was die Roten Garden in Tibet angerichtet haben, läßt sich mit nichts entschuldigen. Die Sache ist nur die«, sagt er und lenkt den Lkw in steilen Serpentinen bergab, »bevor wir Tibet befreit haben, war das Leben hier auch kein Paradies. Im Gegenteil. Es gab keine Krankenhäuser, dafür hohe Kindersterblichkeit, keine öffentlichen Schulen usw. Ich denke, wir Chinesen können Tibet wirklich helfen. Nur mit Gewalt – damit erreicht man gar nichts.«

Peter steckt plötzlich den Kopf weit aus dem Fenster. »Was war das denn da eben für ein Tier?«

»Ein Leopard.«

»Ein Leopard?« Ich bin verblüfft. Sind die nicht schon so gut wie ausgestorben? Vielleicht habe ich auch das chinesische Wort nicht richtig verstanden. Ich schlage im Lexikon nach. *»Bao?«*

»Ja, ja, schon richtig. Da! Da vorn ist noch einer! Hier in der Gegend gibt es ganz besonders viele Tiere, auch Bären.«

Angestrengt beobachte ich die Berge, doch ich kann nichts entdecken, das einem Leopard oder einem Bären ähnlich sieht.

»Jomda!« sagt der Fahrer, als wir zu einem kleinen Ort kommen. »Hier ist für mich erst mal Endstation. Gute Weiterreise noch!«

Bevor wir uns das Dorf und die Umgebung näher ansehen, wollen wir ein Zimmer im Truck-Stop.

»Ihr möchtet hier übernachten?« sagt die *fu wu yuan*. »Habt ihr denn eine offizielle Genehmigung von der Polizei?«

»Wozu?« frage ich. »Bis jetzt haben wir auch so in jedem Truck-Stop ein Zimmer bekommen.«

»Das ist mir egal. Hier jedenfalls nicht. Die Polizeistation ist direkt gegenüber.«

Sie knallt uns die Tür vor der Nase zu.

»Was war denn das?« fragt Peter verdutzt. Ich übersetze, und wir beschließen, es bei der Polizei zu versuchen.

»Am besten behaupten wir, wir wären von Lhasa nach Chengdu unterwegs«, sagt Peter. »Dann können sie uns gern zurückschicken, wenn sie Lust haben.«

Der Polizeibeamte blickt erstaunt von seinen Papieren auf, als wir sein Büro betreten.

»Ja, bitte?« sagt er.

»Wir möchten morgen nach Chengdu weiterfahren. Aber für die Übernachtung hier im Truck-Stop brauchen wir eine Genehmigung von der Polizei.«

»Hm...«, sagt er. »Nach Chengdu.«

Er sieht uns mißtrauisch an und denkt sich dann vermutlich, daß wir nach ein paar Kilometern in eine andere Provinz kommen werden. Dort muß die Polizei von Sichuan sich dann um uns kümmern, und er ist die Verantwortung los.

»Nun gut«, sagt er aufseufzend und geht mit uns rüber zu der *fu wu yuan*. Die gibt uns säuerlich lächelnd ein Zimmer, besonders freundlich ist sie aber immer noch nicht.

Gegen Abend treiben wir einen Fahrer auf, der am nächsten Tag nach Qamdo will.

»Um wieviel Uhr denn?« erkundige ich mich.

»Um drei.«

»Um drei? Ist das nicht ein bißchen spät?«

»Spät? Um drei Uhr morgens?«

Schweigen.

»Wie wäre es denn mit vier Uhr?«

»Na gut, meinetwegen. Mein Lkw steht nicht am Truck-Stop, treffen wir uns um vier Uhr an der Brücke.«

Als der Wecker klingelt, ist es noch stockfinster. Schlaftrunken packen wir unsere Rucksäcke und tappen dann über den in tiefer Dunkelheit liegenden Parkplatz.

»Mist! Das Gitter ist abgeschlossen, wir können hier gar nicht raus!«

»Irgendwo muß es doch einen Notausgang geben...« Mit unserer schwach glimmenden Taschenlampe »made in China« gehen wir die Umzäunung ab. Aha, da ist eine kleine Tür. Wir schlüpfen hinaus.

»Friedliche Nachtruhe« ist in tibetischen Dörfern ein Fremdwort, jetzt sind die riesigen, schwarzen Wachhunde, die tagsüber angekettet werden, in ihrem Element. Sie laufen frei durch die Straßen und verteidigen wild knurrend und bellend ihr Revier.

Direkt vor uns, am Nachbarhaus, steht schon einer, sträubt sein Nackenfell und fletscht die Zähne. Er hat die Figur eines Bernhardiners, nur sportlicher, und sieht aus, als wäre mit ihm nicht zu spaßen. Wie in Zeitlupe schleichen wir an ihm vorbei und lassen ihn nicht aus den Augen. Peter hat ein paar Steine in der einen Hand, einen festen Stock in der anderen. Ich vertraue mehr auf gutes Zureden und hoffe, daß der Hund sich davon beruhigen läßt.

Er begnügt sich damit zu drohen und läßt uns vorbei. Aber wir haben noch den ganzen Ort vor uns, die Brücke liegt genau am anderen Dorfende.

Schwere Wolken verdüstern Mond und Sterne, und ich fröstele. Weit und breit ist kein Lastwagen zu sehen oder zu hören. Nur die Hunde bellen und knurren noch ab und zu.

»Vielleicht hat er verschlafen«, meint Peter.

»Vielleicht ist er ja auch schon weg, die Hunde haben uns ziemlich lange aufgehalten.«

Wir setzen uns auf unsere Rucksäcke und warten. Der Wind treibt die Wolken vor sich her, und manchmal sehen wir durch die Risse Sterne blinken.

»Der kommt bestimmt nicht mehr. Geh'n wir wieder ins Bett.«

»Dann müssen wir noch mal an den Hunden vorbei!« Doch sie lassen uns ungehindert passieren, und endlich fallen wir müde wieder ins Bett.

Um halb sechs werden wir von lautem Klopfen an der Tür aufgeweckt: »Aufstehen!« Es ist der Fahrer mit noch einigen Leuten. »Wieso wart ihr denn nicht an der Brücke?« fragt er. »Wir hatten doch vier Uhr abgesprochen.«

»Natürlich waren wir da! Ihr seid nicht gekommen!«

Es stellt sich heraus, daß es in Jomda zwei Brücken gibt. Jeder von uns hat angenommen, der andere hat verschlafen.

Viele Tibeter reisen zu Pferd

Bis Qamdo sind es 220 Kilometer – zehn Stunden fast ununterbrochene Fahrt. Zusammen mit vier Tibetern hocken wir auf der Ladefläche, ich sitze auf dem Ersatzreifen.

Auf der ganzen Strecke sehen wir kaum ein Haus. Vereinzelte schwarze Nomadenzelte sind das einzige Zeichen, daß das wilde Hochland von Menschen bewohnt wird. Die Straße schlängelt sich zwischen grünblau schimmernden felsigen Hügeln hindurch, rechts und links liegen karge, steinige Wiesen. An einem flachen Gebäude, einem chinesischen Restaurant, machen wir kurz Rast, und dann steigen ein paar Nomaden zu, die Verwandte in Qamdo besuchen wollen. Für die Tochter, ein junges Mädchen, ist es das erste Mal, daß es die Stadt sehen wird. Sie ist schon ganz aufgeregt.

Wie ihre Eltern trägt auch sie einen weiten, langen Ledermantel, der in der Taille zusammengeschnürt wird, und über der Gürtelschnur bauscht sich der Mantel zu einer geräumigen Tasche auf. Darin ist Platz für das, was man unterwegs so braucht, Ledersäckchen mit Tsampa, hölzerne Tsampaschalen usw. Das Nomadenmädchen zieht einen kleinen Spiegel hervor und beginnt, sich stadtfein zu machen. Sie ist sehr hübsch, aber das ist kaum zu erkennen, ihr Gesicht ist mit einer dicken Schicht aus Dreck, Ruß und Fett bedeckt. Mit Hilfe von Finger und Spucke kommt allmählich die ursprüngliche Hautfarbe zum Vorschein.

Der Vater trägt einen silbernen Amulettbehälter um den Hals, der aus schön beschlagenem Silber besteht und mit Türkisen verziert ist. Solche Amulettkästchen werden getragen, um Unheil abzuwehren. Das Wichtigste ist nicht das prachtvolle Äußere, sondern der Inhalt: kleine Götter- oder Heiligenplastiken, geweihte Samenkörner oder auch Papierstreifen mit magischen Formeln.

Der Lastwagen keucht langsam, aber stetig bergauf. Über uns ballen sich die Wolken zusammen, und der Wind fegt uns in eisigen Stößen ins Gesicht. Es beginnt zu schneien, dann wird der Schnee von nadelspitzem Eisregen abgelöst. Obwohl ich den Schlafsack um Kopf und Schultern gewickelt habe, zittere ich vor Kälte. Die Tibeter haben sich ganz in ihre Ledermäntel verkrochen. Peter liegt halb auf mir, so ist es etwas wärmer. Aber bei jedem Schlagloch fliegt er hoch und knallt dann auf meine Rippen. Ich habe das Gefühl, bald nicht mehr sitzen zu können. Entweder werde ich grün und blau geschlagen, oder ich erfriere.

Über einen 4600 Meter hohen Paß geht es dann hinunter nach Qamdo. Die Straße hat sich in eine glitschige Matschpiste verwandelt, über die wir in steilen Serpentinen bergab schlittern. Als wir uns der Stadt nähern, sind wir von oben bis unten mit Schlamm bespritzt.

Qamdo hat ungefähr zehntausend Einwohner und ist damit, nach Lhasa und Shigatse, die drittgrößte Stadt Tibets. Nachdem ich wochenlang nur kleine und kleinste Dörfer gesehen habe, kommt Qamdo mir riesig vor. Dabei ist es im Grunde auch nicht mehr als ein etwas größeres Dorf. Im Regen sieht es trostlos und verlassen aus mit seinen einförmigen, flachen braunen Häusern, die an einem schlammigen Hang kleben.

»Am besten machen wir, daß wir so schnell wie möglich wieder von hier wegkommen«, sage ich.

»Und bevor die Polizei uns entdeckt.«

Wir sind früh auf. Kein Polizist hatte sich im Hotel blicken lassen. Draußen regnet es in Strömen, und ich bin voller blauer Flecken. Die ganze Reise stinkt mir heute, und ich wünsche mir nur, wir wären schon in Lhasa.

Das letzte Stück von hier aus wollen wir versuchen, mit dem Bus zu fahren, wir machen uns auf den Weg zum Busbahnhof. Doch plötzlich krümme ich mich zusammen, mein Darm verkrampft sich, und ich schaffe es gerade noch zurück zum Hotel. Ich habe starken Durchfall, und erschreckt denke ich an meine Nordindienreise vor drei Jahren zurück. Damals hatte ich mir die Ruhr eingefangen. Das hätte mir jetzt gerade noch gefehlt! Aber glücklicherweise ist es diesmal nicht so schlimm, nach drei Tagen bin ich wieder fit.

Während ich flach liege, besichtigt Peter ausführlich die Stadt. Qamdo hat ein ziemlich großes Kloster, das während der Kulturrevolution zerstört wurde. Jetzt sind die Mönche dabei, es wieder aufzubauen. Peter kommt gerade zur rechten Zeit, um mitzuerleben, wie sie sich in der Haupthalle zum täglichen Gebet versammeln. In einem anderen Teil des Klosters sieht er, wie die verwüsteten Wandmalereien wieder aufgefrischt werden.

»Wirklich erstaunlich«, erzählt er. »Der Wiederaufbau der Klöster bei Lhasa könnte vielleicht nur eine Schau ,für die Touristen sein. Aber hier kommt doch kaum ein Ausländer vorbei.«

»Anscheinend meinen die Chinesen es doch ehrlich mit der Religionsfreiheit in Tibet.«

Eine Fahrt mit Hindernissen

Qamdo war früher die größte Stadt in der ehemaligen tibetischen Provinz Kham und auch die erste Stadt, die von der chinesischen Volksbefreiungsarmee besetzt wurde. Die ganzen langen Jahre hindurch, von 1950 bis heute, haben die Khampas ihren Guerillakrieg gegen die Chinesen nie ganz aufgegeben. Sie kennen die Berge wie ihre Westentasche, sind Kämpfer seit Generationen und mit dem Gewehr in der Hand aufgewachsen.

Anfangs waren es nur einige hundert, die, in den Bergen versteckt, den Kampf gegen die Chinesen aufnahmen, Überfälle starteten und Waffen erbeuteten. Es wurden schnell Zehntausende, die sich ihnen anschlossen. Die Chinesen reagierten mit Bomben, die Dörfer und Klöster zerstörten, Männer, Frauen, Kinder töteten.

Ende der sechziger Jahre bekamen die Khampas Hilfe von der CIA. Ganze Khampatruppen wurden ausgeflogen und (vermutlich im US-Bundesstaat Colorado) ausgebildet, trainiert und mit Waffen versorgt. Als Präsident Nixon 1974 Verhandlungen mit China aufnahm, war eine entscheidende Forderung der Chinesen: keine weitere Waffenhilfe an die Khampas!

Die chinesische Regierung setzte sich auch in einem anderen Land durch, in Nepal. Dort hatten Khampas im bergigen Mustang, nahe der tibetischen Grenze, ein Widerstandslager aufgebaut. Auf Drängen Chinas hin metzelten 1974 nepalesische Gurkha-Regimenter die Aufständischen nieder.

Mir geht es wieder besser, und so versuchen wir, Tickets für den Bus nach Lhasa zu kaufen, der heute abend fahren soll. Bis jetzt sind wir in Qamdo noch von keinem Polizisten behelligt worden, und so sind wir guten Mutes, als wir am Ticketschalter an die Reihe kommen. Doch die Verkäuferin weigert sich: »An Ausländer darf ich keine Fahrkarten verkaufen.«

Auf dem Parkplatz vor dem Busbahnhof sehen wir schon den Bus nach Lhasa stehen. Er wird gerade von jemandem, wahrscheinlich dem Fahrer, inspiziert. Als wir ihn bitten, uns nach Lhasa mitzunehmen, wird er wütend.

Hat man keinen Rückspiegel, dann tut's auch eine Gebetsfahne

»Wie komme ich dazu? Was habt ihr überhaupt hier zu suchen? Verschwindet lieber, sonst melde ich euch der Polizei!«

Deprimiert klappern wir noch die Lastwagen ab, die hier herumstehen, doch auch hier: Fehlanzeige!

Ich kann es den Fahrern nicht verübeln, wenn sie uns nicht

mitnehmen wollen; immerhin ist es illegal, und sie können dafür bestraft werden. Manchmal denke ich auch, daß es nicht ganz fair ist, sie überhaupt in eine solche Situation zu bringen. Einerseits ist es verboten, aber andererseits ist es für sie eine verlockend einfache Möglichkeit, sich etwas dazuzuverdienen. Trotzdem – in Momenten wie jetzt, in denen mal wieder nichts zu klappen scheint, bin ich nur sauer und schimpfe auf die Fahrer, die uns nicht mitnehmen wollen.

Zurück im Hotel hören wir vertraute Stimmen auf dem Flur. Jutta und Christoph. Sie sind es tatsächlich.

»Ich dachte, ihr seid schon längst in Lhasa«, sagt Peter.

»Schön wär's«, seufzt Jutta. »Am Paß vor Qamdo sind wir hängengeblieben.«

Ihr Lastwagen war mitten in den Bergen zusammengebrochen. Diesmal war es keine von den üblichen, leicht zu reparierenden Pannen, und sie mußten die ganze Nacht in stürmischer Kälte auf der Ladefläche verbringen und warten.

»Der Fahrer will übermorgen weiter nach Lhasa«, sagt Christoph. »Vielleicht hat er ja noch Platz für euch.« Gleich morgen werden wir ihn danach fragen.

Im Hotel wohnen inzwischen noch zwei Ausländer, ein Holländer und seine Freundin. Sie saßen schon in dem Lkw, der Christoph und Jutta später eingeladen und nach Qamdo mitgenommen hat.

»Die beiden sind ein bißchen komisch«, meint Jutta.

Wir begegnen ihnen im Restaurant. Als wir »guten Tag« sagen, gucken sie nur durch uns hindurch und antworten nicht.

Früh am nächsten Nachmittag gehen wir dann mit Jutta und Christoph los, um den Lkw-Fahrer aufzusuchen. Wir entdecken den Lastwagen in der Nähe vom Markt, und zu unserem großen Erstaunen sehen wir, daß auf der Ladefläche schon eine ganze Gruppe Tibeter sitzt, reisefertig.

»Wenn ihr noch mitwollt, dann müßt ihr euch beeilen«, sagt einer von ihnen. »Wir fahren doch nicht erst morgen, sondern schon heute nachmittag um drei.« Peter und ich könnten auch noch mit, wird uns versichert. »Es ist Platz genug.«

»Noch nicht abfahren, wir kommen sofort wieder!« rufen wir und rennen, so schnell wir können, zurück ins Hotel. In Windeseile raffe ich meinen Kram zusammen und stopfe alles kreuz und quer in den Rucksack. Die beiden Holländer sind verschwunden. Vielleicht haben sie ja auch schon jemand anderen gefunden, der sie weiter mitnimmt, vermuten wir. Jetzt schnell zurück zum Markt.

»Der Fahrer ist noch immer nicht zurück«, sagt einer der Tibeter im Lkw und packt meinen Rucksack, den ich ihm hinaufreiche. Schnaufend machen wir es uns gemütlich.

»Fährst du auch nach Lhasa?« frage ich den Mann.

Er nickt.

»Wie lange brauchen wir denn bis dahin?«

»Hm, zwei Tage vielleicht oder drei ...«

Nur noch zwei oder drei Tage durchfahren, und wir haben es geschafft! Lhasa kommt mir inzwischen ganz unwirklich vor, so, als würden wir es niemals erreichen.

»Habt ihr eigentlich noch Vorräte?« fragt Christoph.

»Fast nichts mehr, aber wir halten doch bestimmt unterwegs an einem Restaurant«, sagt Peter.

»Nicht dieser Fahrer, der hat seinen eigenen Tsampa dabei.«

Also müssen wir schnell noch was organisieren. Peter bleibt im Lastwagen und paßt auf, daß es dem Fahrer nicht doch noch einfällt, ohne uns zu starten.

Wir laufen von Marktstand zu Marktstand. Was können wir bloß einkaufen? Große Stücke stinkendes Fleisch, über das scharenweise Fliegen krabbeln? Einen Klumpen ranziger Butter? Wir suchen nach Tsampa, aber das gibt's nirgendwo. Auf dem Markt wird vor allem mit Kleidung und Schmuck gehandelt.

Schließlich sehen wir in einer Ecke einen Bauern, der Gurken vor sich liegen hat. Wir nehmen gleich einen ganzen Sack voll davon mit. Außerdem kaufen wir noch Kekse und ein paar Dosen Frühstücksfleisch und Obstkonserven. Das ist auf die schnelle alles, was wir auftreiben können, es muß reichen. Es ist spät geworden, wir müssen uns beeilen. Erst als wir die Vorräte im Lastwagen verstaut haben, atmen wir auf. Jetzt kann's von uns aus losgehen.

Doch der Fahrer denkt gar nicht daran. Die Sonne sinkt tiefer und tiefer, und die Tibeter sagen: »Wahrscheinlich fährt er doch erst morgen ...«

Wir sind schon drauf und dran, wieder ins Hotel zu gehen, als endlich der Fahrer auftaucht. Er erkundigt sich nach den beiden Holländern und fährt dann sicherheitshalber noch mal zurück ins Hotel, um zu sehen, ob sie nicht doch noch da sind. Als wir die Straße hochfahren, kommen sie uns entgegen, sind überrascht und packen dann schnell ihre Rucksäcke. Sie setzen sich in die Fahrerkabine, die vorderen Plätze haben sie sich bis Lhasa reserviert.

Bald liegt Qamdo hinter uns, und wir fahren durch die Abenddämmerung. Auf der offenen Ladefläche sitzend, knattern wir durch die Weite, um uns Berge wie rollende Meereswellen, über uns der tiefe Himmel, die Luft riecht würzig. Ein Pilger sitzt mir gegenüber, dreht ohne Unterlaß seine Gebetsmühle und summt »Om mani padme hum« vor sich hin. Eine junge Frau singt leise ein melancholisches Lied.

Bevor die Sonne hinter den Bergen untergeht, spielt sie mit allen Farbvarianten, die ihr zur Verfügung stehen. Die Felsen, eben noch mattgrau, läßt sie in goldenem Rot aufleuchten, zeichnet scharf die Ränder der tiefschwarzen Schatten, und flammt mit ihren allerletzten Strahlen noch einmal hell auf, bevor sie sich zögernd zurückzieht. Langsam verdunkelt sich der Himmel, und durch sein seidiges Nachtblau funkeln die Sterne so groß, so nah, als wären wir ihnen hier oben sichtbar ein Stück näher gerückt. Mit niemandem auf der Welt würde ich in diesem Moment tauschen wollen.

Als wir einen Truck-Stop, in dem wir übernachten wollen, erreichen, ist es bereits tiefe Nacht. Mir ist, als wäre ich gerade erst eingeschlafen, als wir im Morgengrauen schon wieder geweckt werden.

Ein langer Tag liegt vor uns. Von Sonnenaufgang bis Sonnenuntergang werden wir durchgerüttelt, nur eine kurze Rast in Bamda, einem schönen Ort mit einem kleinen Kloster. Gegen Abend dann sind wir in Rawu. Das Dorf liegt in beinah alpiner Landschaft, in der Nähe ein fahler, blaugrauer See, umrundet von grün bewaldeten, nebelverhangenen Bergen.

Stundenlang, ohne Unterlaß, dreht dieser Pilger seine Gebetsmühle

Sicher werden wir hier übernachten, denke ich müde.

»Einsteigen!« ruft der Fahrer. Bis zum nächsten Ort sind es noch 90 Kilometer, eine Reise von mindestens drei Stunden. Dabei wird es schon dämmrig, und der Fahrer hat bereits den ganzen Tag hinter dem Steuer zugebracht.

An weiß schäumenden Wasserfällen vorbei, die sich die steilen

Felsabhänge herunterstürzen, und an düsteren, mit schwarzen Tannen gefleckten Bergwänden, durchqueren wir ein enges Tal. An einer Wiese halten wir an: unser Übernachtungsplatz. Die meisten Tibeter haben ihre Zelte dabei und schlagen fröhlich ihr Nachtlager auf. Die anderen rollen sich auf der Ladefläche zusammen. Auch Christoph baut sein Zelt auf, das aus einer Plane und zwei Skistöcken besteht. Zu viert ist es ziemlich eng, aber für eine Nacht wird es wohl gehen.

Bald brennen die Lagerfeuer, und die Tibeter setzen sich zusammen und kochen Tee. Eine Frau winkt Jutta und mich an ihr Feuer heran. In einer schwarz verkohlten, verbeulten Kanne blubbert der Tee. Sie schenkt uns ein, und dann dürfen wir eine besondere Delikatesse probieren: an der Luft getrocknetes rohes Fleisch, das wie ein großer Schinken aussieht. Neugierig rücken wir näher – und halten die Luft an. Uns schlägt Verwesungsgeruch entgegen, das Fleisch muß schon uralt sein. Glücklicherweise ist der Mann, der mit einem Messer handliche Stücke heruntersäbelt, so freundlich und schneidet uns etwas von einem Brocken ab, der noch nicht stinkt.

»Schmeckt gut!« sagt er und strahlt uns an, aber ich bin nicht so ganz überzeugt. Man braucht gute Zähne, um das Fleisch weich zu kauen. Im Mund fühlt es sich so ungefähr an wie ledriger Kaugummi, ohne viel Geschmack.

Die Tibeter haben, wie immer, viel Spaß. Sie sitzen noch lange an den Feuern, lachen und reden. Wir quetschen uns bald ins Zelt, und ich bin so müde, daß ich sofort einschlafe.

»Heute abend werden wir in Baxoi ankommen«, sagt der Fahrer. »Von da aus sind es noch zwei Tage bis Lhasa.«

Christoph ist krank, er hat Durchfall und etwas Fieber. Den ganzen Tag heute im eisigen Fahrtwind sitzen zu müssen, ist sicher nicht das Beste für ihn. Peter fragt seinen Landsmann und dessen Freundin, ob sie Christoph nicht einen Platz vorn überlassen können.

»Wie komme ich dazu!« braust der auf. »Ein bißchen Fieber ist wohl nicht so schlimm. Außerdem habe ich euch schließlich nicht gebeten, in meinem Lastwagen mitzufahren.«

Uns verschlägt es die Sprache. So was haben wir noch nicht erlebt! Die Freundin sieht aus, als wäre es ihr furchtbar peinlich, sagt aber nichts. Dann klettern die beiden wieder in die warme Kabine. Auch der Fahrer kann nichts machen, schließlich haben sie die vorderen Plätze reserviert. So bleibt Christoph nichts anderes übrig, als sich wieder hinten einzurichten. Wir sind sauer auf die beiden, weil wir ihr Verhalten unsozial finden, und sie sind sauer auf uns. Sie wollen – wie so viele der »Alternativ-Touristen« – das Gefühl haben, etwas zu wagen, was ein »Normal-Tourist« niemals unternehmen würde. Jeder will Gebiete betreten, die noch nicht vom Tourismus beackert sind, um wenigstens ein bißchen das Gefühl zu haben, in Sven Hedins Fußspuren zu wandeln.

Für mich wird die Reise dadurch nicht weniger abenteuerlich, weil ich nicht die erste und die einzige bin. Aber die beiden stört offensichtlich der Anblick von anderen »Langnasen« in »ihrem« Expeditionsgebiet. Wir nehmen ihnen das Gefühl, etwas Besonderes zu sein, und das ärgert sie. Die nächsten Tage feinden wir uns gegenseitig an und gehen uns, soweit möglich, aus dem Weg.

Es ist unglaublich, wie viele Menschen und wieviel Gepäck auf solch eine kleine Ladefläche passen. Beim Sitzen müssen wir die Beine ganz eng anziehen, und irgendwann werden die Muskeln steif und verkrampft. Über lange Strecken stehe ich deshalb lieber, dabei klammere ich mich an die Querstange über meinem Kopf.

Der kalte Wind treibt mir das Wasser in die Augen, aber es ist ein wunderbares Gefühl, so durch die Berge zu brausen, als würden wir jeden Moment abheben. Die Landschaft wechselt dramatisch: Das winddurchtoste, kahle Hochland geht über in Wald; wir fliegen vorbei an Schneebergen, Seen, Wasserfällen, bis wir schließlich eine unwirtliche Felswüste durchqueren.

Jedesmal, wenn wir uns einem Ort oder einer Brücke mit Polizeikontrolle nähern, ruft ein Tibeter, der die Strecke kennt: »Setzen!« Wir müssen uns ducken, damit die Polizei uns nicht sieht und dem Fahrer keinen Ärger macht. Denn passiert ein Unfall, dann ist er verantwortlich, und wird ein Ausländer, den er mitgenommen hat, gar verletzt, dann ist der Fahrer finanziell vollkommen ruiniert. Es geht das Gerücht um von einer Französin, die auf dieser Strecke in einen Unfall verwickelt war. Als sie aus ihrer Bewußtlosigkeit wieder zu sich kam, fand sie sich mutterseelenallein und verletzt in einem Graben wieder. Der Fahrer hatte – kein Wunder – in Panik vor den Folgen lieber das Weite gesucht.

Gegen Abend erreichen wir Tangmai.

»Gleich kommen wir an eine Polizeikontrolle«, sagt der Fahrer. »Also Köpfe runter! Da vorne ist schon die Schranke.«

Mit uns fährt noch ein zweiter Lastwagen, ohne Ausländer, der soll zur Ablenkung als erster kontrolliert werden. Ich höre unseren Fahrer mit jemandem chinesisch sprechen. Hoffentlich durchsuchen sie jetzt nicht die Ladefläche!

Die Tibeter, die neben uns saßen, sind schon heruntergesprungen. Vorsichtig blinzle ich unter der Plane hervor, die wir über uns gezogen haben. Die Leute fangen schon an, ihre Zelte aufzubauen, also werden wir wohl hier übernachten. Schöne Aussichten, hier womöglich versteckt und zusammengekrümmt schlafen zu müssen.

»Gleich könnt ihr runterkommen«, sagt der Fahrer, »und da vorn ist ein Truck-Stop, wo ihr übernachten könnt.« Wie wir das machen sollen, ohne daß die Polizei uns entdeckt, ist mir schleierhaft.

Vorsichtig schauen wir uns um, die Luft scheint rein zu sein, wir springen herunter. In diesem Augenblick biegt ein Polizist um die Ecke.

»Aha!« sagt er und nimmt unserem Fahrer erst mal die Papiere ab. »Die kriegst du morgen wieder. Aber nur, wenn du die Ausländer nicht mehr dabei hast.«

Niedergedrückt und ratlos schultern wir unsere Rucksäcke. Ich habe ein schlechtes Gewissen. Jetzt ist es also doch passiert: Der Fahrer sitzt wegen uns in der Klemme. Wir Ausländer werden früher oder später wieder in Europa sein, und die Reise ist zu einer schönen Erinnerung geworden. Der Fahrer aber muß den Rest seines Lebens in Tibet verbringen, und falls er seine Lizenz verliert, ist er ruiniert. Ich fühle mich elend, als wir uns in den Truck-Stop verziehen. Außerdem – wie soll es nun weitergehen? Wie werden wir von hier wieder wegkommen?

Der Fahrer des anderen Lastwagens vertritt mir den Weg und wirft mir einen Blick zu, als wolle er mir am liebsten vor die Füße spucken. »Du bist doch wirklich *ben dan* (ein dummes Ei)!« sagt er. »Du kannst doch Chinesisch. Du müßtest doch wissen, daß ihr hier gar nicht sein dürft? Und wieso seid ihr nicht wenigstens auf dem Lastwagen geblieben?«

Da hat er leider recht. Während wir betreten auf unseren Betten sitzen und die Lage besprechen, klopft es. Unser Fahrer kommt herein. Er setzt sich zu uns, und ich entschuldige mich für die Schwierigkeiten, in die wir ihn gebracht haben.

»Ach was!« sagt er. »Die Schwierigkeiten machen doch die Chinesen, nicht ihr.«

Er macht uns einen Vorschlag: »Morgen müßt ihr ganz früh aufstehen, noch vor der Polizei, und ganz leise die Straße entlanglaufen. Erst kommt ihr an eine Brücke, dahinter ist eine Kurve. Wenn ihr an der Kurve vorbei seid, versteckt ihr euch im Gebüsch. Wir brechen hier so gegen acht Uhr auf, dann sammle ich euch an der Straße wieder ein.«

Es scheint ihm Spaß zu machen, die Chinesen an der Nase herumzuführen. »Also bis morgen früh!«

Erleichtert atmen wir auf – was für ein Glück, daß unser Fahrer so nett ist! Auf dem Hof sehen wir die beiden Holländer, ob sie wohl über morgen früh Bescheid wissen? Sicher nicht. Zuerst sind wir versucht, aus einer Anwandlung von Rache heraus, sie einfach hier sitzenzulassen und uns morgen früh allein wegzuschleichen. Aber das kommt uns dann zu kindisch vor, und wir erzählen ihnen vom Plan des Fahrers.

In aller Frühe schultern wir unsere Rucksäcke und öffnen leise die Tür. Es ist ruhig, außer uns scheinen alle noch zu schlafen. Auf Zehenspitzen stehlen wir uns hinaus und huschen die Straße entlang, bis wir außer Sicht sind.

Der Morgen ist diesig und neblig. Die ganze Nacht hatte es ohne Unterlaß gegossen und gestürmt, und die aufgeweichte Straße ist zu einer matschigen Rutschbahn mit tiefen Pfützen geworden. Fahlgelb versucht die Sonne die Nebelfeuchte zu durchdringen. Der Matsch schmatzt unter unseren Füßen.

Da ist die Brücke und daneben ein Wärterhäuschen. Wir bleiben einen Moment lang stehen. Ob jemand darin sitzt und die Gegend beobachtet? Alles bleibt still, niemand hält uns auf.

Hinter der Kurve stellen wir uns unter einen kleinen Felsvorsprung, wo es nicht ganz so naß ist. Ein paar Minuten nach uns tauchen die beiden Holländer auf, doch der Lastwagen kommt und kommt nicht. Wir hoffen nur, daß die nächsten Minuten kein Polizei-Jeep die Straße entlangpatrouillieren wird.

»Da kommt was!« ruft Christoph. Es sind die beiden Lastwagen.

»Schnell, schnell!« drängt der Fahrer, als er dicht neben uns bremst. Das ist leichter gesagt, als getan. In Tangmai sind noch mehr Leute zugestiegen, und es ist mir ein Rätsel, wie wir da noch dazwischenpassen sollen. Zuerst reichen wir die Rucksäcke hinauf, bevor wir hinterherklettern. Wir sitzen noch nicht, da braust der Lkw auch schon los. Die Straße befindet sich in einem furchtbaren Zustand. Der Lastwagen schlittert über den Matsch wie auf Schmierseife, immer wieder rutscht er nach der Seite weg.

Es ist eine merkwürdige Gegend hier. Kaum zu glauben, daß dies noch Tibet ist. Verschwunden sind felsige Berge und wüstenartige Hochebenen, es sieht aus wie in Südostasien. Der Fluß, den wir entlangfahren, der Yiong Tsangpo, mündet in den Yarlung Tsangpo, und dieser wiederum wird weiter südlich zum Brahmaputra. Die Vegetation ist hier schon ganz tropisch, die hügeligen Berge sind mit dichtem Dschungel bewachsen.

Nach ungefähr zehn Kilometern halten wir an, die Situation wird zu gefährlich. Alle steigen aus, und über ein besonders rutschiges Stück müssen wir zu Fuß gehen. Vorsichtig, ganz vorsichtig, folgen uns die beiden Lkws.

Kurz darauf ist die Fahrt erst einmal zu Ende. Hier führt die Straße über den Fluß, aber die Überquerung ist zur Zeit unmöglich. Die starken Regenfälle der vergangenen Nacht haben die Brücke weggerissen, und der Fluß ist so reißend, daß an Hindurchfahren nicht zu denken ist.

»Tja«, meint der Fahrer, nachdem er die Lage inspiziert hat, und sieht uns an, »das ist wirklich ein Problem. Die Lkws kommen hier nicht durch, und bis die Brücke repariert wird ... das kann noch Wochen dauern. Ich fahre zurück nach Qamdo. Aber ihr wartet am besten hier. Der Fluß ist nur durch den Regen so breit und reißend, in zwei Tagen könnt ihr ihn sicher zu Fuß durchwaten.«

Die Tibeter sind schon dabei, ihr Gepäck abzuladen. Sie werden also hierbleiben. Zögernd holen auch wir unsere Rucksäcke herunter, nur ungern lassen wir den Lkw wieder wegfahren. Lhasa ist schon so nah, und ich war so sicher, daß jetzt nichts mehr dazwischenkommen kann. Und nun sitzen wir schon wieder fest.

Die Tibeter suchen nach geeigneten Lagerplätzen, während Peter und Christoph den Fluß ein Stück abgehen und prüfen wollen, ob es nicht eventuell doch irgendwo eine seichte Stelle gibt, an der wir durchwaten können. In der Zwischenzeit bauen Jutta und ich das Zelt auf.

»Da unten am Fluß ist ein schöner Platz«, sagt Jutta und zeigt auf eine steinige, weite Uferbank, hinter der steil ein Felsen aufragt. Wir sind gerade dabei, dort unten die Plane auszubreiten, als ein Tibeter angerannt kommt.

»Nicht hier zelten!« ruft er uns zu. »Das ist zu gefährlich. Der Fluß ändert manchmal ganz plötzlich über Nacht seinen Lauf, und dann schwemmt er euch weg.«

Die Tibeter kampieren über uns, auf einem hohen Grasplateau direkt am Fluß, und so packen wir alles wieder zusammen und gesellen uns zu ihnen.

Inzwischen sind auch Peter und Christoph zurückgekommen.

»Unmöglich!« sagt Christoph. »Da kann man nirgendwo durch. Wir müssen wohl oder übel hierbleiben.«

Unser Zelt steht nicht weit vom Abhang entfernt. Tief unter uns gurgelt der Fluß, und wenn wir vor dem Zelt sitzen, blicken wir direkt auf die mit Wolkenfetzen behangenen Dschungelberge. Ein richtig schöner Platz! Aus dem Fluß können wir Teewasser holen, und es gibt genug Holz für ein Feuer. Es könnte wirklich idyllisch sein, nur – wir haben beinahe nichts mehr zu essen. Und die Tibeter müssen mit ihren Tsampa-Vorräten jetzt auch haushalten. Wer weiß, wie lange es noch dauern wird, bis wir über den Fluß kommen?

Heute leben wir von etwas Frühstücksfleisch mit Keksen, die Gurken sind in dem Durcheinander auf dem Lastwagen vollkommen zerquetscht worden. Morgen werden wir weitersehen. Vielleicht ist bis dahin der Fluß ja auch abgeschwollen.

Doch den Gefallen tut er uns nicht. In der Nacht regnet es weiter, und der Fluß sieht am Morgen genauso aus wie am Tag zuvor.

Tangmai liegt nur zwölf oder dreizehn Kilometer hinter uns, das müßte an einem Tag hin und zurück zu schaffen sein, überlegen wir. Es gibt dort einen Laden, wo wir bestimmt etwas zu essen auftreiben können.

Peter und ich werden uns dorthin aufmachen, Christoph und Jutta bleiben beim Zelt. Wir lassen ihnen die letzte Frühstücksfleischkonserve da, nehmen zwei leere Rucksäcke und laufen los.

Die Straße macht einen noch verheerenderen Eindruck als gestern. Sie ist voller tiefer Pfützen, an denen wir vorbeibalancieren, und der saugende Matsch zieht uns fast die Schuhe aus. Heute wären wir hier mit dem Lastwagen nicht mehr durchgekommen. In der Nacht sind mehrere Erdrutsche losgegangen, die jetzt die Straße blockieren.

»Vorsicht!« ruft Peter, als es oben am Hang grollend rumpelt. Wir rennen los, so schnell wir können. Knapp hinter uns donnern dicke Steinbrocken auf die Straße herunter.

Die Landschaft ist auf gespenstische Art wunderschön. Der Fluß, breit angeschwollen, rauscht rotbraun mit weißen Schaumkronen an uns vorüber, und der Wald reicht mit seinem tropfenden grünen Blätterlabyrinth und den ineinander verschlungenen Ästen bis zum Wasser hinunter. Nebelwolken ziehen langgestreckt über den Fluß und verdecken die Berge. Nur die Gipfel ragen hin und wieder wie graugrüne Inseln aus dem Wolkenmeer hervor.

Der Weg verläuft ziemlich eben, und das Laufen ist, abgesehen von dem schlüpfrigen Matsch und den abgerutschten Erdmassen, über die wir klettern müssen, nicht anstrengend.

Da ist auch schon die Brücke, wir erreichen Tangmai. Hoffentlich bemerkt die Polizei uns nicht! Niemand ist auf der Straße, nur ein alter Mann schlurft an uns vorbei. Ungehindert passieren wir die Schranke.

Im Laden werden wir gleich ausgefragt. Das ganze Dorf weiß schon, daß an der Brücke ein paar Tibeter und Ausländer festhängen.

»Wie lange wird es wohl dauern, bis wir über den Fluß können?« frage ich den Mann im Laden.

Der zuckt nur die Achseln. »Wer weiß?«

Wir kaufen fast den Laden leer: sechzehn Packungen Biskuits, drei Dosen Armee-Fleischkonserven, etwas Reis, Zwiebeln, Chili, Tee und ein paar Packungen Zigaretten für Jutta und Christoph. Als Zugabe bekommen wir noch eine angebrochene Tüte Ersatzkaffee.

»Das Zeug schmeckt widerlich. Aber ihr Ausländer trinkt ja angeblich immer Kaffee. Wenn ihr wollt, könnt ihr ihn gern geschenkt haben.«

Zurück am Fluß hängen wir erst mal den Kochtopf übers Feuer. Christoph hat von einigen Straßenarbeitern, die weiter oben eine kleine Hütte bewohnen, eine Packung Nudeln bekommen. Hungern müssen wir also fürs erste nicht.

Die Tage vergehen gemütlich und erstaunlich schnell. Wir sind ständig beschäftigt mit Wasserholen, Holzsammeln, Feuermachen, Tee- oder Kaffeekochen, Essen, Lesen. Jutta entdeckt ein wildes Marihuanafeld und röstet die Blätter überm Feuer. Es ist fast wie Campingurlaub.

Die meisten Tibeter, die hier mit uns warten, sind auf Pilgerfahrt. Für sie ist Lhasa mehr als nur die Hauptstadt, es ist die »heilige Stadt«, so wie Rom und Mekka für Christen und Moslems. Lhasa war früher der Sitz des Dalai-Lama. Auch wenn er sich jetzt nicht mehr in Tibet aufhält – der Potala, sein ehemaliger Palast und Wahrzeichen von Lhasa, steht noch. Außerdem befindet sich in der Stadt der den Tibetern heiligste Tempel, der Jokhang. Während der Kulturrevolution waren Pilgerfahrten nicht erlaubt. Doch jetzt strömen die Gläubigen wieder, fast wie in alten Zeiten, aus allen Teilen des Landes in ihre heilige Stadt. Auf dem Lastwagen, zu Fuß, zu Pferd. Es kann ohne weiteres Monate dauern, bis sie ankommen, da sind ein paar Tage, die man an einer weggerissenen Brücke warten muß, nicht der Rede wert. Niemand regt sich darüber auf. Etwas früher oder später in Lhasa, was macht das schon?

Wir können nichts tun, als warten. Von links: Andrea, Peter, Christoph

Wir warten vier Tage, dann, am fünften Tag, tut sich endlich etwas. Schon zuvor hatten wir auf der anderen Flußseite gutgekleidete Chinesen in einem Jeep vorfahren sehen. Sie kamen wohl, um die Lage zu begutachten. Nun beginnen sie, eine »Notbrücke« zu bauen. Sie besteht aus zwei Drahtseilen, an denen man auf die andere Seite gezogen wird. Doch noch ist es nicht soweit. Zunächst muß ein Seil von drüben zu uns herübergeworfen werden. Das Seil ist schwer, und immer klatscht es ins Wasser. Endlich gelingt es, und der erste mutige Tibeter stellt sich als Versuchskaninchen zur Verfügung. Am Seil festgebunden, saust er mit Schwung abwärts bis zur Flußmitte – und schleift bis zum Bauch im eiskalten Wasser. Klitschnaß kommt er drüben an. Der erste Versuch war anscheinend noch nicht ganz ausgereift.

Die Chinesen starten einen neuen Versuch, und diesmal funktioniert es. Erst wird das Gepäck auf die andere Seite gezogen. Mit all meinen Habseligkeiten schwebt der Rucksack über dem wild tosenden Fluß, und ich hoffe nur, daß das Seil nicht reißt. Aber alles geht

Die »Notbrücke«, an der wir auf die andere Flußseite gezogen werden

glatt, und jetzt kommen wir Menschen an die Reihe. Das Unternehmen sieht gefährlicher aus, als es tatsächlich ist. Man wird an einem Ring festgebunden, der über das Drahtseil läuft, und auf jeder Uferseite stehen drei oder vier Männer, die das Seil halten. Sobald man festgezurrt ist, heben sie das Seil mit einem Ruck auf ihre Schultern, damit man Schwung bekommt, man klammert sich mit Händen und Füßen fest und saust dann, wie auf einer Rutschbahn, bis zur Flußmitte hinunter. Mit Hauruck wird man dann das letzte Stück von den Männern auf der anderen Seite herübergezogen.

Vor mir sind zwei aufgetakelte Chinesen an der Reihe. Sie machen ein großes Geschrei: »Huuuh... das trau ich mich nicht!« Doch sie haben keine andere Wahl. Entweder sie vertrauen sich dem Seil an, oder sie müssen hierbleiben. Ich kann die beiden schon verstehen, als ich dran bin. Wenn das Seil nun reißt oder jemand losläßt? Es geht ganz schnell. Ehe ich mich's versehe, bin ich schon drüben.

Doch was nun? Wie sollen wir jetzt weiterkommen? Die beiden Holländer schultern, kaum sind sie drüben, ihre Rucksäcke und marschieren los. Bis zum nächsten Ort sind es noch sechzig Kilometer. Sollen wir auch laufen?

»Vielleicht kommen ja auch bald Lastwagen aus Lhasa hierher. Und wenn sie dann nicht weiterkönnen, müssen sie notgedrungen wieder umkehren«, meint Jutta.

Zuerst einmal wollen wir unsere letzte Dose Fleisch mit Nudeln kochen. Genug Holz für ein Feuer haben wir bald zusammen, aber sosehr wir auch blasen und stochern, es will einfach nicht brennen. Es ist wirklich zum Verzweifeln. Etwas entfernt von uns sitzen drei Chinesen an ihrem munter brennenden Feuerchen und kochen Tee. Sie grinsen vor sich hin, während sie beobachten, wie wir uns abmühen. Schließlich fragen wir sie, ob wir die Nudeln vielleicht auf ihrem Feuer kochen können.

»Aber klar doch!« sagen sie großmütig und rücken ihren Teekessel etwas beiseite. Sie kommen aus der südwestchinesischen Provinz Yunnan, waren in Lhasa und sind jetzt wieder auf dem Heimweg. Die gesamte Strecke, es mögen wohl zweitausend Kilometer sein, legen sie mit einem kleinen Traktor zurück, auf dessen Anhänger ein großes Faß geladen ist.

»Das ist vielleicht eine Möglichkeit...«, sagt Christoph zu mir. »Frag sie doch mal, ob sie uns nicht mit zurück nach Lhasa nehmen können. Hier kommen sie ja auch nicht weiter.«

»Na ja«, sagt einer von ihnen auf meine Frage, »das würde ich gern machen, aber unser Traktor braucht eine besondere Sorte Sprit, und die gibt es hier nicht. Deshalb haben wir uns vorher genau ausgerechnet, wieviel wir benötigen, und dann alles mitgebracht. Wir können nicht nach Lhasa zurück, denn für Umwege reicht das Benzin nicht.«

»Und jetzt wartet ihr, bis die Brücke repariert wird?«

»Was sollen wir machen? Es kann Tage dauern oder Wochen, aber wir haben nun mal keine andere Wahl. Da fällt mir allerdings ein«, sagt er dann, »heute soll ein Lastwagen mit Baumaterial und Arbeitern aus Lhasa hierherkommen. Der fährt dann leer wieder zurück und nimmt euch sicherlich mit.«

Das sind gute Nachrichten. Wir machen uns hungrig über die Nudeln her. Es schmeckt, auch wenn der Sand aus dem Flußwasser zwischen den Zähnen knirscht. Gerade als wir Teewasser aufgesetzt haben, hören wir einen Motor brummen.

»Das muß der Lkw sein!« ruft Peter.

Wir springen auf und rennen hinüber zur Straße, und da kommt auch schon ein Fahrzeug. Vor Überraschung stolpere ich beinah über meine eigenen Füße: Es ist ein Bus!

Er bremst neben uns, und die ersten, die aus der Tür springen, sind zwei Amerikaner. Sie finden die Seilbrücke *great*, und es dauert nicht lange, da sind alle Businsassen sicher auf der anderen Seite.

Der chinesische Busfahrer sieht nicht besonders sympathisch aus. Aber er willigt ein, uns nach Lhasa mitzunehmen. »Obwohl es gegen die Vorschriften ist...«, sprich: wir müssen gut dafür bezahlen.

Kaum haben wir uns glücklich auf den gepolsterten Sitzen niedergelassen, als sich zu unserer Verblüffung zwei weitere Ausländer nähern – auf dem Fahrrad. Es sind ebenfalls Amerikaner und von Chengdu mit ihren Mountain-Bikes hierher geradelt. Für das letzte Stück bis Lhasa wollen sie allerdings den Bus nehmen. Sie laden ihre Räder aufs Dach, und der Fahrer wittert erneut seine Chance. Er hat uns in der Hand und kann von uns jeden Fahrpreis verlangen. Außerdem sind wir Fahrgäste, von denen außer ihm niemand etwas weiß. So kann er alles in die eigene Tasche wirtschaften.

Mittlerweile hat der Bus sich mit Tibetern gefüllt. Einige unserer früheren Mitreisenden sind inzwischen schon zu Fuß aufgebrochen, aber viele haben, wie wir, gewartet. Tumult bricht aus. Die Amerikaner weigern sich, für die Räder extra zu zahlen. Auch einige Tibeter wollen den hohen Fahrpreis nicht akzeptieren. Für uns sind das nur ein paar Mark, aber für einen Tibeter bedeutet das, einen ganzen Wochenlohn rauszurücken. Endlich ist alles geregelt. Der Fahrer reibt sich zufrieden die Hände – gutes Geschäft heute!

Nur noch zwei Tage. Jetzt können wir es uns bequem machen. Gespannt warten wir darauf, bis wir den Potala vor uns auftauchen sehen. Er liegt, eine weiße, kastellartige Burg, auf einem Hügel über der Stadt und soll schon aus vielen Kilometern Entfernung zu erkennen sein. Sobald der Potala in der Ferne aufleuchtet, weiß man, daß nun bald das Ziel erreicht ist. Das war auch für Reisende in früheren Zeiten nicht anders.

Für uns war es schon nicht einfach, bis nach Lhasa vorzudringen, aber noch vor wenigen Jahrzehnten war eine solche Reise fast unmöglich. Tibet ist gut abgeschirmt, bevor man das »Dach der Welt« betreten kann. Dazu kam früher noch, daß die tibetische Regierung, in Angst vor den unkontrollierbaren Einflüssen der Fremden, ihr Land isoliert gehalten haben. Tibet und insbesondere Lhasa zu betreten, war Ausländern streng verboten, was den Reiz aber nur noch erhöhte. Viele versuchten es trotzdem, und die meisten scheiterten. So blieb Tibet, umgeben von mythischen Geheimnissen, kaum erforscht und war wie geschaffen, das Land der Sehnsüchte und der Träume zu werden.

Sven Hedin war einer der Tibet-Besessenen. Monatelang durch-

Das Ziel unserer Träume: der Potala in Lhasa

forschte und kartographierte er heimlich West- und Südtibet. Auch die Französin Alexandra David-Neel kam ihr Leben lang nicht von Tibet los. Sie studierte jahrelang buddhistische Schriften und bekam schließlich sogar den Rang eines Lama verliehen. Da es Ausländern verboten war, Lhasa zu betreten, verkleidete sie sich als einheimische, abgerissene Bettlerin und durchquerte gemeinsam mit ihrem tibetischen Adoptivsohn das Land. Sie kam auch wirklich unerkannt bis Lhasa – als Dreiundfünfzigjährige! Ihre lange Reise, die sie auch durch Bhutan, Sikkim und China führte, dauerte vierzehn Jahre!

Vor vierzig Jahren dann verschlug es Heinrich Harrer und Peter Aufschnaiter, die aus einem englischen Kriegsgefangenenlager in Nordindien geflohen waren, nach Tibet. Sie wanderten zwei Jahre lang durch die unwirtlichsten Felswüsten, in der ewigen Angst, entdeckt und zurückgebracht zu werden. Fünf Jahre lang lebten sie dann in Lhasa, bis sie schließlich vor den einmarschierenden Chinesen nach Indien fliehen mußten.

Mir kommen die sechs Wochen, die wir seit Chengdu unterwegs sind, schon lange vor, aber verglichen mit diesen Abenteuern war es eigentlich nicht mehr als ein Spaziergang. Was mögen sie wohl empfunden haben, als sie plötzlich in der Ferne den Potala auftauchen sahen?

Ich bin vor allem erleichtert, gleichzeitig aber auch müde und aufgeregt. Wie wird Lhasa aussehen? Ist es noch ein bißchen so, wie Heinrich Harrer es beschrieben hat, oder ist es inzwischen zu einem Freilichtmuseum geworden? Am Ende ist vom alten Lhasa gar nichts mehr übriggeblieben? Gespannt schaue ich aus dem Fenster.

Lhasa – Stadt des Dalai-Lama

Während ich durch die Straßen der Altstadt schlendere, kommt mir alles merkwürdig unwirklich vor, als würde ein bunter Film vor mir ablaufen. Einerseits bin ich froh, endlich hier zu sein, aber ich bin auch traurig, daß die aufregende Zeit auf den Lastwagen durch die großartige Landschaft nun endgültig vorbei ist. So lange lag Lhasa

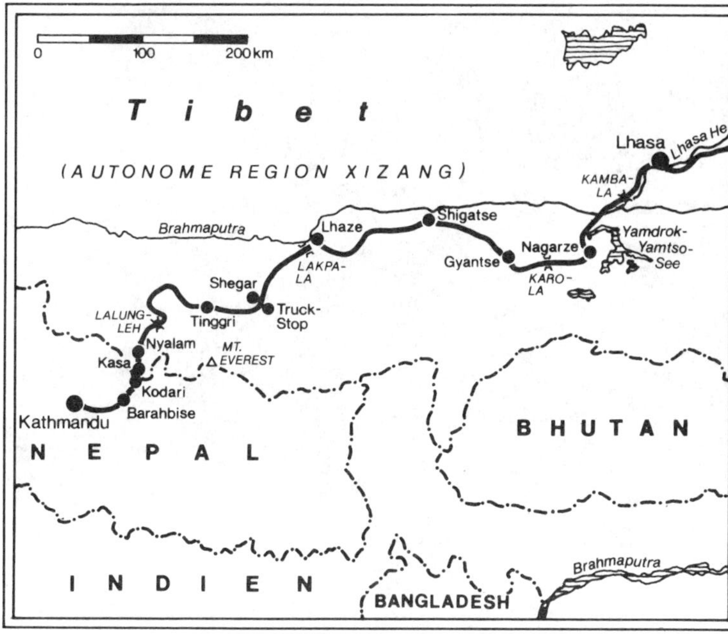

als fernes Ziel weit, weit weg, daß es mir jetzt ganz irreal erscheint, wirklich da zu sein.

Als wir mit dem Bus in Lhasa einrollten, war ich wie betäubt von dem Krach, dem chaotischen Verkehr, den vielen Pilgern, Nomaden, Städtern und den Scharen flippiger Touristen.

Wir stiegen im Banak Shöl ab, einem Hotel im tibetischen Stil mit einem Innenhof, wo vor allem Rucksacktouristen wohnen. Im Zimmer warf ich mein Gepäck in eine Ecke und ließ mich erschöpft aufs Bett fallen. Ich wußte gar nicht, womit ich anfangen sollte. Am liebsten hätte ich alles gleichzeitig getan: geduscht, etwas Gutes gegessen, einen ersten Eindruck von der Stadt bekommen . . .

Die Dusche, die erste seit Chengdu, war eine Wohltat. Danach lief ich die Hauptstraße entlang. Die vielen Restaurants überall! In Lhasa, ganz auf Rucksacktouristen eingestellt, lockte an jeder Ecke

Der Jokhang, der den Tibetern heiligste Tempel

ein Restaurant mit »English Menu«. Was sollte ich essen? Einen Yak-Burger mit Pommes frites? Pfannkuchen oder French Toast? Oder erst einen Joghurt?

Jetzt bin ich im Herzen von Lhasa, am Jokhang, dem heiligsten Tempel Tibets. Vor seinem Haupteingang erstreckt sich ein weiter, freier Platz, früher standen hier Häuser eng aneinandergedrängt. Von außen macht der Jokhang nicht den erwarteten großartigen Eindruck, er sieht aus wie ein ganz gewöhnlicher Tempel. Was für ein bedeutendes Heiligtum er ist, merkt erst, wer sich dem Eingangsportal nähert. Dort sind, egal zu welcher Stunde auch immer, Männer und Frauen zu sehen, die sich betend auf die staubige Erde niederwerfen. Mit ihren gefalteten Händen berühren sie die Stirn und die Brust, dann legen sie sich bäuchlings flach auf den Boden. Wieder und immer wieder.

Der Jokhang wird eingeschlossen vom Bakhor, der etwa drei Kilometer langen inneren Ringstraße. Manche Tibeter umkreisen auf dieser Straße den Tempel, indem sie die ganze Strecke buchstäblich mit ihrer Körperlänge ausmessen. Nachdem sie sich mit ausgestreckten Armen niedergeworfen haben, richten sie sich an der Stelle wieder auf, an der ihre Fingerspitzen den Boden berührt haben, und so weiter.

Anderen ist das noch nicht genug. Sie umkreisen auf diese Art die ganze Stadt, und manche pilgern sogar derart mühselig von weit entfernten Orten bis nach Lhasa. Sie alle haben dasselbe Ziel vor Augen: Sie wollen sich so besonders große Verdienste in diesem Dasein erwerben und können dann auf eine gute Wiedergeburt im nächsten Leben hoffen.

Lärmende Touristen nähern sich dem Eingang, und sobald sie die Pilger sehen, zücken sie reflexartig ihre Kameras. Sie scheuen sich selbst nicht, besonders fotogenen Tibetern ohne Vorwarnung die Kamera direkt vors Gesicht zu halten. Einige Pilger sehen verärgert aus, andere lassen sich nicht stören. Schrecklich, diese Touristen, denke ich spontan, aber im nächsten Augenblick muß ich zugeben, daß auch ich gerade ein Foto gemacht habe. Ich möchte mich zwar nur zu gerne von dem Touristenschwarm distanzieren, aber so einfach geht das leider nicht. Immerhin bin auch ich eine hellhaarige, hellhäutige Ausländerin, trage eine Kamera mit mir herum und bin, ob ich will oder nicht, ein Fremdkörper.

Die Tibeter sind in Lhasa an einem ihnen heiligen, langersehnten Ort. Für mich ist es faszinierend, hier zu sein, aber trotzdem – selbst wenn ich Stunden hier verbringe und mich einfangen lasse von dem düsteren, magischen Zauber, der jeden Winkel des Jokhang durchdringt, bin ich doch keine Tibeterin und bleibe nur Beobachterin.

Im Innern des Jokhang drängen und schieben sich die Pilger. Es ist düster hier, flackernde Butterlampen verbreiten ein schwaches, gelbliches Licht. Sie beleuchten geisterhafte, riesige Bronzestatuen, die mit weißen Glücksschleifen behängt sind. Von der großen Haupthalle zweigen immer wieder kleine höhlenartige Kapellen ab. Sie sind niedrig und so eng, daß nur wenige Besucher gleichzeitig Platz darin finden. Hier staut sich die Luft, die von den Lampen ausstrahlende Hitze, die Wärme schwitzender Körper. Es riecht betäubend nach Schaffellmänteln, nach Butter, Schweiß und auch würzig nach verbrannten Wacholderzweigen. Die Pilger summen Mantras vor sich hin, ihre Augen sind groß vor Staunen. Der steinerne Fußboden ist blank gescheuert von den unzähligen Füßen, die in Jahrhunderten über ihn hinweggeschlurft sind, die Wände glänzen schwarz vom fettigen Ruß der Lampen und von den Händen, die sich an ihnen entlanggetastet haben. Gütig lächelnde Buddhagesichter scheinen im Dämmerlicht zu schweben und aus sich heraus zu leuchten, und die Schutzgöttin Lhasas, die schreckliche Lhamo, bekleidet mit einer Kette menschlicher Totenschädel, grinst dämonisch und furchterregend auf mich herab.

Schließlich komme ich zum Heiligsten im Jokhang, zu einer Statue des Buddha Shakyamuni. Sie soll vor 1300 Jahren von Prinzessin Wen Cheng nach Lhasa gebracht worden sein. Wen Cheng war eine chinesische Prinzessin im fernen Xian, der damaligen Hauptstadt Chinas. Zu dieser Zeit waren gerade die einzelnen Gebiete Tibets von König Songtsen Gampo zu einem mächtigen Staat vereint worden. Er forderte vom chinesischen Kaiser eine Prinzessin als Frau, um sein Bündnis mit China zu besiegeln. Als Brautgabe brachte Wen Cheng die Shakyamuni-Statue mit. Der Sage nach soll sie noch zu Lebzeiten Buddhas in Nordindien entstanden sein.

Um den Jokhang erzählt man sich noch eine andere Sage. Demnach lag vor langen, langen Zeiten an der Stelle, an der sich jetzt Lhasa befindet, eine gewaltige Dämonin auf dem Rücken. Aus dem Blut ihres Herzens bildete sich ein See, aus dem nur zwei Hügel, ihre Brüste, emporragten. Auf ihnen wurden später der Potala und die Medizinschule gebaut. Wen Cheng plante, inmitten dieses Sees einen Tempel errichten zu lassen, doch böse Dämonen verhinderten immer wieder die Trockenlegung. Erst als König Songtsen Gampo einen Ring ins Wasser warf, wurden die Dämonen besänftigt, und der Jokhang konnte gebaut werden.

Unangenehm sticht mir das grelle Sonnenlicht in die Augen, als ich wieder auf dem Tempelvorplatz stehe. Die Häuser um mich herum sind zum Teil neu, obwohl ich mich in Lhasas Altstadt befinde, aber sie sind keine chinesischen Barackenbauten, sondern in tibetischem

Baustil gehalten. Auf dem gesamten Bakhor, der kreisförmigen Ringstraße, die den Jokhang umschließt, hat ein Händler neben dem anderen seinen Marktstand aufgebaut.

Sehr viel anders kann es hier früher auch kaum ausgesehen haben, denke ich. Da sind noch immer die Pilger, die sich, wie in Heinrich Harrers Beschreibungen, auf den Boden werfen, andere drehen, wie schon Generationen vor ihnen, ihre Gebetsmühlen und schlendern, »Om mani padme hum« vor sich hin murmelnd, an den Verkaufsständen entlang. Auch Khampas gibt es hier, die zwischen den Städtern besonders wild aussehen.

Die tibetischen Männer sind in ihren verwaschenen blauen oder grünen Baumwolljacken kaum von den Chinesen zu unterscheiden. Die Frauen dagegen tragen schwarze, bis auf den Boden reichende ärmellose Kleider mit leuchtendbunten Schürzen, ihre traditionelle Tracht. Darunter allerdings leuchten grellfarbene Blusen »made in China«.

Ich bummele an den Ständen der Schmuckhändler entlang, andere Händler bieten Seile, Kanister, Töpfe und Hausrat an, und wieder andere haben bunte Stoffe oder Gebetsfahnen vor sich ausgebreitet. Dahinter, auf dem Buttermarkt, werden riesige gelbe, ranzig riechende und von Fliegen umschwirrte Butterklumpen verkauft. Das Fleisch, das ein paar Schritte weiter an großen Haken baumelt, riecht noch penetranter, und um die Ecke brutzeln in heißem Fett süße, duftende Kuchen. Überall sitzen Bettler im Straßenstaub, wuseln magere Hunde und spielende Kinder herum. Ich werde nicht müde, über den Bakhor zu laufen, immer wieder gibt es etwas Neues zu sehen.

Lhasa hat sich weit ausgebreitet, die Altstadt mit Jokhang und Bakhor nimmt nur noch einen kleinen Teil ein. Sie wird umschlossen von der äußeren Stadt, der *Chinatown*, die das größte Gebiet beansprucht. Hier spazierenzugehen ist nicht besonders aufregend. Betonhäuser, Banken und Verwaltungsgebäude reihen sich aneinander. Am Lhasa-Hotel, dem Nobelhotel, wird die Straße aufgerissen, Baumaschinen röhren, furchen tiefe Rillen in die provisorische Sandstraße und wirbeln dichte Staubwolken auf. Es ist heiß, und die

Auf dem Buttermarkt

Eintönigkeit der immer gleichen Bauklotzhäuser macht müde. Endlos ziehen sie sich hin. Doch dann, endlich, kommen wir wieder ins Zentrum. Über die breite, von Bäumen gesäumte Straße der Seligkeit, die Xing Fu Xi Lu, laufen wir durch staubige Luft und trockene Hitze an Straßenhändlern vorbei, die Decken auf dem Bürgersteig ausgebreitet und darauf Kleidung, Messer, Scheren oder Plastikeimer verteilt haben. Hupende Busse und Lkws hüllen uns in stinkenden schwarzen Qualm, dröhnend überholen sie klingelnde Radfahrer und sperrige Handkarren, die mühsam vorwärts gezogen werden. Der Potala ist jetzt ganz nah, wir kommen an der Poat vorbei und sind dann wieder am Bakhor. Die Häuser hier sind mehrstökkig, mit Flachdach, und verjüngen sich nach oben hin, ihre Fenster sind mit aufgemalten schwarzen Balken umrahmt. Über vielen Fenstern hängen Stoffbahnen, die mit bunten Glückssymbolen geschmückt sind. Obwohl auch viele dieser Gebäude neu sind, geben sie uns doch wenigstens die Illusion, im »alten Tibet« zu sein.

Lhasa hat sich in den letzten Jahrzehnten sicherlich stärker verändert als in Jahrhunderten davor. Aus alten Reisebeschreibungen und Karten hatte ich mir schon ein Bild von Lhasa gemacht, bevor ich überhaupt hier war. Doch vieles, wonach ich jetzt suche, ist unauffindbar. Wo ist die äußere Ringstraße, die die Stadt eingeschlossen hat, der Lingkhor? Die neue *Chinatown* hat ihn verschluckt, längst haben Häuserreihen ihn überwuchert. Nur Teilstücke sind noch erhalten geblieben.

Auch die wichtigste Medizinschule Tibets – sie lag auf dem Chokpori-Hügel inmitten der Stadt – ist verschwunden. Tibetische Medizin hat eine jahrhundertealte Tradition, die auf dem Chokpori durch mündliche Überlieferung und in alten Schriften weitergegeben wurde. Hier lernten die Mönchsstudenten verschiedene Heilmethoden und wie aus Pflanzen Medizin gewonnen wird. Nach Auffassung der Tibeter entsteht eine Krankheit nicht, indem zufällig Erreger in den Körper gelangen. Der psychische Zustand des Patienten ist für den Ausbruch der Krankheit mitverantwortlich, vielleicht haben auch Dämonen Einfluß auf ihn, oder aber sein *Karma* – die Taten seines vorherigen Lebens – ist schuld.

Die alten Gebäude der Schule wurden während der Kulturrevolution bombardiert und dann vollkommen weggeräumt. Jetzt thront dort oben eine hohe Antenne. Die neue Medizinschule – eher ein Krankenhaus als eine Schule – ist in einem modernen Gebäude untergebracht. Dort werden vor allem Patienten mit tibetischer Medizin ambulant behandelt. Die Tradition des Chokpori wird in einem anderen Land fortgeführt – in Nordindien, in Dharamsala, dem Exilwohnsitz des Dalai-Lama.

Direkt gegenüber dem Chokpori-Hügel liegt der kleine Hügel, auf dem der Potala erbaut wurde. Über der Straße dazwischen sind viele Reihen bunter Gebetsfahnen gespannt, die wie ein buntes Meer im Wind flattern.

Hier, unterhalb des Potala, sitzt ein Steinmetz bei der Arbeit. Er meißelt in kleine und größere Steinplatten »Om mani padme hum« oder andere Mantras und verkauft sie dann an die Pilger. Aus Tausenden solcher Täfelchen ist im Laufe der Zeit neben dem Aufstieg zum Potala eine lange Mani-Mauer entstanden. Jeder Pilger, der hier vorbeikommt, legt einen neuen Mani-Stein dazu.

Ich wußte nicht, daß es hier einen Tempel gibt. Wir stoßen zufällig darauf. Später erfahren wir, daß dies der Palalubu-Tempel ist. Er wirkt ganz anders als der betriebsame Jokhang mit seiner Bienenstockatmosphäre. Dieser Tempel hier hängt an einem Felsen wie ein Schwalbennest, unterhalb liegen nur wenige Mönchswohnungen, alles ist klein, ruhig und überschaubar.

Palalubu macht einen liebevoll umsorgten Eindruck. Bunte Blumen in Töpfen sind überall aufgestellt, Hauswände und Fensterrahmen leuchten in frischen Farben, kein Dreck liegt herum, und im Hof spielen ein paar Kinder. Ein alter Mann, der aus einer der Mönchswohnungen heraustritt, bedeutet uns zu warten. Er bringt Buttertee, und bald darauf erscheint ein junger Novize mit einem riesigen, rasselnden Schlüsselbund. Über steile Treppen führt er uns in das Innere des Tempels. Was ich von außen gesehen habe, ist nur Fassade. Dahinter verbirgt sich eine dunkle Höhle, die Luft ist kalt und feucht. Ich schaudere. In die schwarzen Felswände, an denen Wassertropfen herunterlaufen, haben die Mönche Reliefs geschlagen und sie bunt bemalt. Eins reiht sich ans andere. Könige sind dargestellt, Heilige, einer lächelt traurig und hebt segnend die Hand.

Irgendwo in der Nähe muß gerade eine Zeremonie stattfinden. Gedämpft dringt der summende, auf- und abschwellende Gesang der rezitierenden Mönche in die Höhle. In regelmäßigen Abständen schwingt der tragende, nachhallende Ton eines Gongs, unterbrochen von dem hellen Klingen einer Glocke.

Tag für Tag sehe ich den Potala, den Palast des Dalai-Lama, über dem geschäftigen Treiben der Stadt auf seinem Hügel liegen, gewaltig und unnahbar. Er sieht aus, als wäre er direkt aus dem Felsen herausgewachsen, als würden die Mauern nahtlos in die Steine übergehen, auf denen sie errichtet wurden. Von beinah jedem Punkt der Stadt aus ist er sichtbar. Manchmal scheint er, von allem unberührt, über dem Trubel und Gewimmel der Straßen im Blau des Himmels zu schweben. Die Golddächer funkeln, und die vielen kleinen schwarzen Fenster blinzeln in der Sonne.

Unterhalb des Potala liegt der Stadtteil She. Zwischen hohen Häusermauern geht es durch schmale Gassen bergauf, bis ich direkt zu Füßen des Potala stehe. Riesig türmt er sich über mir auf. Der Eingang ist noch ein gutes Stück höher, über eine steile Zickzacktreppe klimme ich hinauf. Ich muß anhalten und Luft holen. Lhasa liegt 3600 Meter hoch, und bei Anstrengungen merkt man, daß die Luft schon ziemlich dünn ist.

Hier also wohnte und regierte der Dalai-Lama, sowohl geistliches als auch weltliches Oberhaupt Tibets, Gottkönig. Jeder Dalai-Lama ist die Reinkarnation, die Wiedergeburt, seines Vorgängers. Außerdem wird in jedem Dalai-Lama der Bodhisattva Chenrezi (Bodhisattva der Barmherzigkeit) wiedergeboren. Ein Bodhisattva steht schon kurz vor dem Eingang ins Nirwana, hat die Erleuchtung bereits erlangt, aber er wartet noch. Bevor er selbst das Nirwana erreicht, möchte er erst noch den Menschen zur Erlösung verhelfen.

Starb ein Dalai-Lama, dann begann die schwierige Suche nach seinem Nachfolger. Irgendwo im Land befand sich ein kleiner Junge, in dem der Gottkönig sich wieder verkörpert hatte. Doch wo sollte man anfangen, nach ihm zu suchen? Und wie konnte man erkennen, daß er auch wirklich der Richtige war? Zunächst wurde das Staatsorakel – ein Mann, der die Fähigkeit hat, in Trance mit Göttern in Verbindung zu treten – zu Rate gezogen. Er gab Hinweise auf den Aufenthaltsort des Kindes, worauf sich hohe Lamas auf die Suche begaben und das Land durchforschten. Um auch sicher zu sein, daß sie den richtigen Jungen ausgewählt hatten, wurde er getestet. Als Wiedergeborener mußte er ohne zu zögern Gegenstände erkennen, die er in seinem vorigen Leben benutzt hatte. So wurden ihm zum Beispiel verschiedene Gebetsketten vorgelegt, aus denen er die richtige herausgreifen mußte. War der neue Dalai-Lama nach mehreren solcher Tests einwandfrei erkannt, wurde er von seiner Familie getrennt und in den Potala gebracht, wo er erzogen und unterrichtet wurde.

Sein Leben verlief nun ganz anders als das Gleichaltriger. Ohne die Gesellschaft von Eltern, Geschwistern und Spielkameraden, nur umgeben von Mönchen, verbrachte er einen großen Teil seiner Kindheit mit seinem Studium. Vom Leben auf der Straße war er praktisch ausgeschlossen.

Der jetzige, der vierzehnte Dalai-Lama, installierte auf dem Dach des Potala ein Fernrohr, um wenigstens ein bißchen am alltäglichen Leben teilnehmen zu können. In seinen Erinnerungen erzählt er, daß er sich im Potala, im dunklen Winterpalast, nie so recht wohl gefühlt hat. Er war immer froh, wenn er jedes Jahr im Frühling wieder in den Norbulingka, den freundlicheren, helleren Sommerpalast, umziehen konnte.

Der Potala hat, auf dreizehn Stockwerke verteilt, über tausend Räume und enthält Hunderte von Kapellen, Schreinen und Versammlungshallen. Außerdem wohnten hier die Lehrer des Dalai-Lama und ausgewählte hohe Lamas; hier befanden sich auch die Regierungsgebäude.

Es ist ein verwirrendes Gebäude, immer neue verwinkelte Korridore tauchen auf, immer neue Räume, die verschachtelt ineinander übergehen. Es ist leicht, sich darin zu verlaufen.

Ich wandere treppauf, treppab. Oft ist es so düster, daß ich mehr ahne als sehe. Über einen Baumstamm mit eingeschnittenen Stufen, schwarz und klebrig vom abgelagerten Ruß der Butterlampen,

Blick auf den Potala vom Dach des Jokhang aus

klettere ich einen Stock höher. Bronzestatuen lächeln ewig entrückt, Wandmalereien ziehen sich die Mauern entlang, auf denen wilde Dämonen die Zähne fletschen oder sanfte Buddhas auf Lotosblüten meditieren.

Für das Volk war dies alles unerreichbar, sie konnten den Potala nur von außen bewundern. Als die Chinesen die Macht übernahmen, erklärten sie den Potala zum Museum und öffneten ihn für die Allgemeinheit. Dadurch wollten sie die Tibeter sehen lassen, in welcher Pracht der Dalai-Lama lebte – im Vergleich zu ihrem eigenen ärmlichen Dasein. Jeder sollte denken: So reich konnte er doch nur werden, weil er uns ausgebeutet hat. Aber diese Gedankenassoziation hat anscheinend niemand hier, keiner der tibetischen Besucher zeigt Neid oder gar Haß. Sie bringen vielmehr Opfergaben dar, behängen Fotos des jetzigen Dalai-Lama mit weißen Glücksstreifen und berühren sein Bild ehrfürchtig mit ihrer Stirn. Für sie ist der Potala immer noch der Wohnsitz des Dalai-Lama, in dem er lebendig geblieben ist, und kein Museum.

Gegen den strengen Winterpalast wirkt der Norbulingka, der Juwelenpark, richtig gemütlich. Die beiden Wohnsitze liegen ungefähr drei Kilometer auseinander. Der Umzug des Dalai-Lama im Frühjahr bot jedesmal Gelegenheit zu einer glitzernden Prozession, einem bunten Spektakel mit viel Pomp und Pracht. Er wurde in einer verhängten Sänfte getragen, und alle Schaulustigen, die am Wegrand standen, mußten sich tief in den Straßenstaub beugen. Niemand durfte auch nur einen kurzen Blick auf den Gottkönig riskieren. Mit ihm zog eine große Schar Lamas, Soldaten, die ihn bewachten, Pferde und Musikanten zum Sommersitz.

Auch der Norbulingka ist inzwischen ein Museum. Er liegt eingebettet in einen weitläufigen Park mit schönen alten Bäumen. Der Eingang wird von zwei kitschig bemalten Löwen bewacht, die uns ihre Zungen entgegenstrecken.

Auf dem Parkgelände sind mehrere Gebäude verstreut. Da sind einmal der Palast, in dem der Dalai-Lama gewohnt hat, und dann die Wohnungen für seine Familie und für ausgesuchte Würdenträger. Man hat den Palast genauso gelassen, wie der Dalai-Lama ihn 1959 verlassen hat. Sogar die Bettdecke ist zurückgeschlagen – als wäre er nur kurz ausgegangen.

Es war im März, und die Situation in Tibet hatte sich in den vorhergehenden Jahren bedrohlich zugespitzt. Zwischen Chinesen und Tibetern knisterte es, die geladene Atmosphäre wartete geradezu auf einen Auslöser. Die Einladung eines hohen chinesischen Generals löste dann die Katastrophe aus. Er bat den Dalai-Lama zu einer Theateraufführung in die chinesische Garnison in Lhasa.

Die Tibeter fürchteten, ihr Gottkönig könne dort als Geisel festgehalten werden, und so belagerte eine aufgebrachte Menschenmenge den Norbulingka, um den Dalai-Lama zu schützen. Sie beschworen ihn, der chinesischen Einladung nicht zu folgen. Zwar war niemand ernsthaft bewaffnet, aber der Dalai-Lama und seine Berater hatten Angst, daß die Chinesen sich bedroht fühlen und dann in die Menge schießen könnten. Nicht ohne Grund, denn schon fuhren die Chinesen Artillerie auf und zielten auf den Sommerpalast. Die einzige Möglichkeit, ein Massaker zu verhindern, sah der Dalai-Lama in seiner Flucht. Er hoffte, die Menschenmenge würde sich dann schnell wieder zerstreuen. Bei Nacht und Nebel gelang es ihm zu entkommen, und unter dem Schutz einiger Khampas erreichte er schließlich die indische Grenze.

Doch auch seine Flucht hatte das Massaker nicht verhindern können. Kaum hatte der Dalai-Lama den Norbulingka verlassen, wurde auch schon geschossen. Dies war der Auftakt zu einer Serie von Mord und Gewalt.

Neben dem vierzehnten gab es noch andere Dalai-Lamas, die ein tragisches Schicksal ereilte. Einige starben schon im Kindesalter, wahrscheinlich vergiftet von Regenten, die für den minderjährigen Dalai-Lama regierten, weil sie die Macht behalten wollten.

Der sechste Dalai-Lama wurde und wird von den Tibetern besonders geliebt – vielleicht, weil er ein so »menschliches« Leben führte. Er liebte die Frauen und den Wein und schlich sich nachts aus dem Palast, um durch die Stadt zu streifen. Der Potala mußte ihm vorgekommen sein wie ein Gefängnis, das vorgeschriebene asketische Leben – kein Sex, kein Alkohol – wie eine Folter. Hielt er sich im Potala auf, dann regierte er nicht etwa, sondern schrieb melancholische Liebeslieder. Die Lamas hatten bei ihrer Suche wohl nicht die echte Wiedergeburt erwischt, sondern eine Poeten-Seele in den Potala geholt. Schon damals – Ende des 17. Jahrhunderts – hatte China ein expansionistisches Interesse an Tibet und sah in der Schwäche dieses Dalai-Lama eine gute Gelegenheit, zuzuschlagen. Chinesen entführten den tibetischen Gottkönig, und sehr wahrscheinlich wurde er auch von ihnen umgebracht.

Peter und ich streifen durch den Park des Norbulingka. Ich finde es immer spannend, wenn Geschichte lebendig wird. Während ich durch die Räume und den Park des Sommerpalastes wandere, kann ich mir richtig vorstellen, wie der Dalai-Lama hier gewohnt, meditiert, studiert und regiert hat und wie er dann fliehen mußte. Geschichte, Phantasie und Gegenwart vermischen sich.

Der Park ist weitläufiger als ich zuerst dachte. Überall sind kleine Wäldchen gepflanzt, dazwischen liegen Wiesen und verfallende Gebäude. Dieses alte Haus dort zum Beispiel. Fenster und

Türen sind verrammelt, und die Farbe blättert ab. Die Wiese steht hoch und unberührt, nur der Wind streicht durch die Gräser. In den Bäumen hinter dem Haus zwitschern die Vögel, sonst ist es still um uns. Die staubigen Straßen der Stadt mit ihrem ewigen Hupen und Klingeln scheinen auf einem anderen Stern zu sein.

Langsam gehen wir auf das Haus zu. Ich fühle mich wieder in meine Kindheit zurückversetzt, als überall geheimnisvolle Schätze darauf warteten, entdeckt zu werden. In dem hölzernen Tor, das den Schuppen neben dem Gebäude verschließt, klaffen breite Ritzen, durch die wir einen Blick hineinwerfen können. Innen ist alles voller Spinnweben und Staub.

»Guck mal, eine Sänfte!«

Ob dies wohl der Tragestuhl ist, in dem der Dalai-Lama vom Potala in den Norbulingka gebracht wurde? Die Sänfte sieht so klein aus, es muß schrecklich unbequem gewesen sein, dort drin zu sitzen und, in stickiges Dunkel gehüllt, durch die lärmende Menge geschaukelt zu werden. Nur ab und zu konnte er vielleicht durch eine Ritze einen Blick nach draußen werfen.

Neben der Sänfte stehen, von Staub umhüllt, die Überreste eines Oldtimers.

»Ein Austin«, sagt Peter.

»Vielleicht ist das ja eines der drei Autos vom letzten Dalai-Lama, vom dreizehnten ...«

Überzeugt von der Notwendigkeit, Tibet zu modernisieren, führte er Anfang dieses Jahrhunderts Neuerungen wie Post und Telegraph ein und schickte tibetische Studenten ins Ausland, die Kenntnisse über die Errungenschaften der westlichen Welt nach Lhasa bringen sollten. So kam es auch zu der Bestellung von drei Autos. Da es aber keine Straßen gab, mußten die Vehikel notgedrungen in ihre Einzelteile zerlegt und dann von Trägern über die Berge geschleppt werden. In Lhasa baute man sie dann wieder zusammen.

Vergangene Zeiten ... Inzwischen sind in Lhasa wirklich die Errungenschaften des 20. Jahrhunderts eingekehrt, und ich weiß nicht, ob der »Große Dreizehnte« glücklich darüber wäre. Der größte Teil der modernen Architektur besteht aus chinesischen *ping fang*, Häusern, die wie Garagen aussehen. Die tibetische Jugend kleidet sich westlich und hört Popmusik.

Noch in den vierziger Jahren gab es hier – abgesehen von den drei Autos des Dalai-Lama – kein einziges Fahrzeug. In einer alten Prophezeiung hieß es: Mit dem Rad kommt auch das Unglück. Und tatsächlich waren die ersten, die in Tibet einrollten – die Chinesen –, nicht in friedlicher Absicht gekommen. Jetzt rattern Busse und Lastwagen durch das ganze Land. Aber andererseits – wir sind es gewohnt, die Welt von unserer bequemen westlichen Sichtweise aus zu betrachten. Wir bezeichnen als Exotik, was für die Menschen, die darin leben müssen, oft bittere Armut bedeutet. Mag sein, daß Lhasa jetzt nicht mehr so pittoresk aussieht wie vor fünfzig Jahren, aber wer kann es den Tibetern verübeln, wenn auch sie ein einfacheres und bequemeres Leben haben wollen?

Abenteuerliche Pläne

Nach ein paar Tagen Sightseeing in der Stadt beginnen wir, Pläne für die Weiterreise zu schmieden. Ganz normal mit dem Bus nach Katmandu zu fahren, kommt uns jetzt ziemlich langweilig vor.

»Warum eigentlich nicht mit dem Fahrrad?«

»Das wäre was! Nur, wo sollen wir hier gute Räder auftreiben?«

»Och, das findet sich schon irgendwie . . . Ja, das wäre wirklich toll! Ganz unabhängig von Bussen oder Lastwagen. Wir halten da an, wo es uns gerade gefällt.«

»Hmmm . . . aber das sind mindestens tausend Kilometer Sandpiste!«

Egal, wir sind begeistert. Die Idee hat uns gepackt und läßt uns nicht mehr los. Je mehr wir uns hineinsteigern, um so fester wird unser Plan. Wir wollen es versuchen. Das größte Problem ist die Ausrüstung, an erster Stelle natürlich die Fahrräder.

Wir hören uns um, und Christoph macht einen Nepali ausfindig, der ihm ein gebrauchtes indisches Fahrrad verkaufen will. In Lhasa gibt es eine ganze Menge Nepali. Immer schon hat es Handel zwischen den beiden Himalaya-Staaten gegeben, und der wird auch weiterhin geduldet. Die cleveren Nepali aus Katmandu, die schon langjährige Erfahrung mit Rucksacktouristen haben, witterten in Lhasa einen neuen Markt. Als Tibet für Einzelreisende geöffnet wurde, gründeten sie hier viele der English-Menu-Restaurants.

Das indische Fahrrad sieht zwar ein bißchen wackelig aus, dafür hat es aber eine Dreigangschaltung. Peter und ich entschließen uns, lieber nagelneue chinesische Räder zu erstehen. Sie haben zwar keine Gangschaltung, sehen dafür aber aus, als seien sie nicht kaputtzukriegen. In China hergestellte Räder sind die einzigen, die es in Lhasa in begrenzter Stückzahl zu kaufen gibt. Sie sind groß, schwarz und unglaublich schwer.

Anfangs habe ich so meine Bedenken: »Ohne Gangschaltung? Das ist unmöglich!«

»Na ja«, meint Peter. »Ob es nun einen Gang hat oder drei, soviel Unterschied ist da auch nicht. Schieben müssen wir sowieso.«

Der beste Laden in Lhasa hat ungefähr zehn Räder mit dem vielversprechenden Namen *feng huang*, Phönix, anzubieten. Sie sind nagelneu, aber jedes einzelne hat bereits eine Macke, vollständig in Ordnung ist keins. Sogar die zwei besten, die wir uns heraussuchen, haben kaputte Pedale.

Bis Katmandu sind es rund 1200 Kilometer, nur ein Bruchteil der ganzen Strecke ist asphaltiert. Wir werden bis Nepal über eine Hochebene radeln, deren Täler da anfangen, wo die höchsten Gipfel der Alpen enden. Viermal müssen wir Pässe überqueren, die höher sind als 5000 Meter. Unterwegs gibt es kaum größere Orte, das heißt, es wird sich auch kaum Gelegenheit bieten, Lebensmittel einzukaufen. Es liegen zwar Dörfer an der Straße, aber schon auf dem Weg nach Lhasa haben wir gesehen, wie arm die tibetische Bevölkerung ist. Sicher würden wir in den Dörfern Tsampa bekommen, wenn wir danach fragten, aber wir wollen den Bauern nicht gerne ihre bescheidenen Vorräte wegessen. Das bedeutet: Wir müssen viel Proviant mitschleppen.

Außerdem brauchen Peter und ich unbedingt noch ein Zelt und gute Schlafsäcke. Durch Anschläge am Schwarzen Brett im Hotel finden wir Touristen, die ihre Ausrüstung verkaufen möchten. Viel

Auswahl haben wir da natürlich nicht, wir müssen nehmen, was wir angeboten kriegen.

Auf dem Bakhor kaufen wir Wasserkanister aus Plastik und auch Kerosin, Brennstoff für Christophs Kocher. Eigentlich brauchen wir nun noch Fahrradtaschen, denn in den Rucksäcken allein können wir niemals alles verstauen. Lederne Pferdetaschen sind ideal. Sie werden eigentlich über den Pferdesattel gehängt, passen aber auch prima über den Gepäckträger. Darüber wird dann quer der Rucksack geschnürt, und vorne an die Lenkstange kommt noch ein Beutel für den Kleinkram. Inzwischen hat auch Jutta ein Fahrrad gekauft, ebenfalls ein indisches.

Die Vorbereitungen nehmen viel Zeit in Anspruch. Manchmal laufen wir stundenlang durch die Stadt, verzweifelt auf der Suche nach etwas, das einfach nirgendwo aufzutreiben ist. Eine Luftpumpe zum Beispiel, eine Kleinigkeit nur, aber unentbehrlich. Die Fußpumpen, die in Lhasa angeboten werden, sind wahre Monster, für die Ewigkeit gebaut und sicher fünf Kilo schwer. Unmöglich! Erst durch Zufall entdeckt Christoph schließlich bei einem Händler auf dem Bakhor zwei Exemplare im Handtaschenformat, klein und praktisch.

Auch der Proviant ist ein Problem, denn außer Konserven gibt es nicht viel zu kaufen. In einem Geschäft entdecken wir dann in Alu verschweißtes Fleisch mit Soße, sogar in zwei Geschmacksvarianten. Das spart Platz und Gewicht. Dazu gibt es Nudeln. Dann noch Trockenobst und Ersatzkaffee, Biskuits und zum Frühstück Instant-Nudelsuppe. Ungefähr eine Woche werden wir unterwegs sein, bis wir Shigatse (Rigaze), Tibets zweitgrößte Stadt, erreicht haben. Dort können wir uns wahrscheinlich wieder eindecken.

Auf unseren neuen Rädern surren wir über den heißen Asphalt nach Drepung, acht Kilometer westlich von Lhasa. Drepung bedeutet »Reishaufen«, und die Mönchswohnungen und Tempelgebäude kleben auch wirklich wie aufeinandergehäufte weiße Reiskörner am Hang. Einst war Drepung das größte Kloster Tibets, hier lebten zehntausend Mönche, eine Stadt für sich. Zusammen mit dem Dalai-Lama flohen 1959 dreitausend Mönche von hier nach Nord-

Tibetisches Dorfmädchen

indien. Auch der Rest konnte nicht im Kloster bleiben. Die Chinesen bezeichneten sie als »Schmarotzer«, die untätig herumsaßen, während die übrige Bevölkerung für sie schuftete. Ihrer Meinung nach brauchten die Mönche eine »Erziehung«, und die sollten sie in Arbeitslagern erhalten. Nur wenige konnten im Kloster ausharren und betrieben dort etwas Landwirtschaft.

Drepung, das nur wenig zerstört wurde, ist heute frisch restauriert. Wieder leben hier einige hundert Mönche. Als erstes kommen wir nach Nechung, zu einem kleinen, leicht verfallenen Gebäude unterhalb der großen Klosteranlage, das einst der Wohnsitz des höchsten Orakelpriesters im Land, des Staatsorakels, war. Damals gab es viele Orakelpriester in Tibet, fast jedes Dorf konnte einen vorweisen. Sie galten als Vermittler zwischen Dämonen und Menschen. Wenn jemand krank wurde, holte man den Orakelpriester, der die Dämonen, die in den Kranken gefahren waren, wieder vertrieb. Er konnte auch in Trance die Zukunft vorhersagen.

Das Amt des Staatsorakels in Nechung war äußerst wichtig. Es sah nicht nur in die Zukunft, es konnte sie auch beeinflussen. Wenn das Staatsorakel beispielsweise vor bestimmten Entscheidungen warnte, dann hätte niemand gewagt, diese Warnung zu ignorieren.

Es gibt heute noch Orakelpriester in Ladakh, Sikkim, Nepal, überall, wo Tibeter leben. Nechung ist heute allerdings verwaist. Sicherlich wird es noch lange dauern, bis wieder ein Staatsorakel hier leben darf.

Der Aufstieg zum Kloster ist steil. Drepung schläft in stechender Mittagshitze, die weiß getünchten Mauern reflektieren die Sonnenstrahlen. Wir durchwandern ein Labyrinth aus Mönchswohnungen und Tempeln, schmalen, schattigen Durchgängen zwischen hohen Mauern, Treppen und ummauerten Höfen. Immer neue Tempel tauchen auf, die man besichtigen kann und die wir noch nicht gesehen haben.

Ich bin müde, und während Peter in einen Innenhof hineingeht, setze ich mich auf die Stufen vor dem Eingang. Im Schatten unter dem schweren, hölzernen Portal bin ich etwas vor der Sonne geschützt. Pilger und Mönche gehen ein und aus, niemand beachtet mich. Ein junger Mönch mit glattrasiertem Kopf schleppt angestrengt einen Holzbottich mit Wasser die Stufen hinauf. Die Adern an seinen Armen treten hervor, er geht ganz konzentriert, mit kleinen Schritten, um nichts zu verschütten. Zwei alte Mönche spazieren langsam und gemächlich im Watschelschritt vorbei. Auch ihre Köpfe sind rasiert, und einer trägt eine Hornbrille. Beide lassen beim Gehen ihre Gebetsketten durch die Finger gleiten. Sie sind in braunrote Roben gewandet, die bis auf den Boden reichen. Ein Arm und eine Schulter bleiben frei, an den Füßen tragen sie rote Filzstiefel. Mit leisen Stimmen reden sie aufeinander ein.

»Hi!« sagt ein junger Tibeter und setzt sich neben mich. Er ist westlich gekleidet, so gut man sich in Lhasa eben westlich kleiden kann. Die Jeans sind weit ausgestellt, er trägt ein buntbedrucktes T-Shirt und Turnschuhe. Auf dem Kopf hat er eine Baseballkappe mit Plastikschirm, und vor den Augen spiegelt die unvermeidliche Sonnenbrille – mit Preisschild, das mitten auf einem Glas klebt. Der Beweis, daß sie auch wirklich neu ist. Er möchte an mir sein Englisch üben.

»Englisch zu können ist so wichtig, wenn man etwas werden will«, sagt er. »Und wer weiß, vielleicht komme ich ja eines Tages mal nach Amerika . . .« Er hat sehnsüchtige Augen. Amerika – das Land der unbegrenzten Möglichkeiten. »Hier in Tibet, das ist doch kein Leben!«

»Und wenn Tibet einmal unabhängig wird, würdest du dann hier bleiben wollen?«

»Glaubst du, daß das jemals passiert? Ich nicht. Den Chinesen kann man nicht vertrauen.«

Er fragt mich, woher ich komme und was ich mache, und als er hört, daß ich Sinologie studiere, erzählt er: »Weißt du auch von den Massenversammlungen, die die Chinesen damals veranstaltet haben? Alle Bewohner der Gegend wurden gezwungen, daran teilzunehmen. Die Mönche hier mußten vor allen Leuten Selbstkritik üben, und dann mußten die Zuschauer sie beschimpfen. Und das war noch nicht alles. Ich weiß nicht, wie viele Mönche sie in Arbeitslager verschleppt, gefoltert und umgebracht haben.

»Okay, im Vergleich zu damals ist es jetzt viel besser geworden«, fährt er fort, »aber was nützt uns das gute Leben, wenn wir keine Freiheit haben?«

»Ist es denn nicht schon viel freier geworden?«

»Das sind nur kleine Zugeständnisse, um die Leute einzulullen. Ein besetztes Land ist nicht frei.«

Die Vorbereitungen gehen langsam ihrem Ende entgegen, und in unserem Zimmer sieht es inzwischen wirklich chaotisch aus. Hier ist gerade Platz für die Betten, es gibt keinen Schrank, und so liegen Kleidung, Schlafsäcke, Proviant und tausenderlei Kleinkram wild verstreut herum. Außerdem nehmen wir immer die Fahrräder mit hinein, damit sie nicht gestohlen werden. Doch jetzt ist es bald soweit. Nur ein paar Kleinigkeiten sind noch zu erledigen, dann können wir abfahren.

Ich bin schon ganz aufgeregt, auch Peter und Christoph juckt es stark in den Füßen. Sie wollen lieber heute als morgen unterwegs sein. Doch da gibt es ein Problem. Während der ersten Tage in Lhasa lagen Christoph und ich mit Durchfall und Fieber im Bett. Jetzt sind wir wieder in Ordnung, aber nun hat es Jutta erwischt. Krank will sie natürlich nicht losfahren, wir dagegen möchten nicht noch unbestimmt lange in Lhasa bleiben und abwarten. Christoph hat auch nicht mehr viel Zeit, denn wenn er noch rechtzeitig in Katmandu sein will, muß er bald abfahren. Schließlich einigen wir uns darauf, erst mal noch einen Tag hierzubleiben.

Dieser letzte Tag ist flau, es gibt nichts mehr zu tun, und innerlich habe ich mich von Lhasa schon verabschiedet. Als wir uns abends im Hotel treffen, fühlt Jutta sich zwar noch nicht besser, aber sie hat mittlerweile eine Lösung gefunden. Hier im Hotel wohnt noch jemand, der mit dem Rad unterwegs ist: Clayland, ein Engländer. Auf seinem Mountain-Bike ist er in nur achtzehn Tagen von Chengdu nach Lhasa geradelt. In zwei Tagen startet er zur Weiterfahrt nach Katmandu, und Jutta wird dann bis Shigatse mit ihm zusammen reisen. Wir alle sind zufrieden, Jutta kann sich noch zwei Tage ausruhen, und wir fahren morgen weiter!

Die ersten Sonnenstrahlen tasten über die Dächer und fallen dann in schrägen, diffus leuchtenden Balken auf die Straße. Am Horizont sehe ich zum letzten Mal den Potala, wie er, in helles Licht getaucht, auf dem Morgendunst schwimmt. Die Luft riecht noch frisch und kühl, erste Frühaufsteher schlurfen über die Straße, wie gähnend öffnen sich Türen und Fensterläden.

Über die steile Hotelstiege schleppen wir Räder und Gepäck nach draußen. Ich bin gespannt und freue mich auf die Radtour, aber andererseits meldet sich auch eine nagende Stimme: Wird das wirklich gutgehen? Worauf haben wir uns da eingelassen? Im Grunde bin ich das genaue Gegenteil von einer Sportlerin, und meine letzte Radtour liegt schon Jahre zurück.

Ich fange an, das Rad zu bepacken, und kämpfe mit Schnüren, Ledertaschen und Rucksack. Nichts will richtig halten. Endlich ist alles einigermaßen fest, nun muß ich nur noch aufsteigen. Ich will flott aufspringen, aber das klappt nicht so, wie ich mir das vorgestellt hatte. Hinten ist das Rad so breit und hoch bepackt, daß ich mein Bein unmöglich da rüberschwingen kann. Und da es – wie beinahe alle chinesischen Räder – ein Herrenrad ist, ist vorne die Stange im Weg. Beim Anfahren schwanke ich wie ein Schiff auf hoher See hin und her, dermaßen schwer beladen ist das Rad. Wie soll ich auf diesem Monstrum bloß bis nach Katmandu kommen?

Doch dann geht es prima. Sobald das Rad in Fahrt kommt, liegt es gut auf der Straße. Die Sonne steigt höher, und es dauert nicht lange, da verschwindet Lhasa hinter uns.

Es ist ein glasklarer Sommertag. Die Sonne glüht, aber gleichzeitig streicht über die heiße Haut ein leichter, kühlender Wind. Die Straße steigt kaum an, das Rad schnurrt leise, und ich trete gleichmäßig und ohne Anstrengung. Obwohl die Hochebene, über die wir jetzt fahren, 3600 Meter hoch liegt, wirkt die Landschaft nicht eigentlich spektakulär. Die Berge um mich herum sehen gar nicht aus wie Fünf- oder Sechstausender, eher wie eingefurchte Sandhügel. Sie sind braun und kahl mit bläulichen Schattierungen und laufen monoton ein paar Kilometer entfernt neben der Straße her.

Oft sehen wir vor den Bergen Dörfer liegen mit flachen weißen, an den Boden gedrückten Häusern. Manche tragen an den vier Dachecken spitze, burgähnliche Zinnen, manche haben Gebetsfahnen aufgesteckt. Am dunkelblauen Himmel treiben aufgeplusterte, weiße Wolken träge dahin und werfen langgezogene, wandernde Schatten auf die Erde. Die Rapsfelder stehen gerade in voller Blüte, grelle zitronengelbe Farbflecken.

Wir fahren ohne Unterbrechung, mein Rad rollt wie von selbst. Bis zum Flughafen ist die Straße wahrscheinlich asphaltiert. Manchmal überholen uns Busse mit Touristen, und ich bin glücklich, daß ich nicht dort drinnen sitzen muß. Mit keinem der Gesichter, die da hinter den Fensterscheiben kleben und uns erstaunt nachstarren, möchte ich jetzt tauschen.

Peter und Christoph radeln ein Stück voraus. Ich bin eindeutig das schwächste Glied in der Kette, und das macht mir am Anfang etwas Sorgen. An kleinen Steigungen, die die beiden noch locker hochfahren, muß ich schon schieben. Und wenn sie sich hinsetzen, um eine Pause einzulegen, dann habe ich erst aufgeholt, wenn sie schon wieder aufbrechen wollen. Aber es geht doch viel besser, als ich zu Beginn befürchtet hatte. Es ist eine Frage des Rhythmus! Jeder hat sein eigenes Tempo, bei dem er am wenigsten ermüdet. Solange ich mich daran halte und nicht versuche hinterherzuspurten, klappt es ganz gut.

In einem kleinen Dorf machen wir Rast. Es ist Mittag, und wir haben Hunger. Hier gibt es ein Restaurant, was nicht allzu häufig sein wird auf dieser Strecke. Wir lassen die Räder ausrollen und lehnen sie an die Hauswand. Drinnen sitzen ein paar Tibeter in einer Ecke und trinken Tee. Erstaunt gucken sie hoch, als wir eintreten. Da kommt auch schon der Wirt auf uns zu, ein Mann in mittleren Jahren. Sein Gesicht ist länglich, und er hat eine unasiatisch stark ausgeprägte Nase. Um seine Augen tanzen pfiffige Lachfalten, eine grüne chinesische Baumwollkappe sitzt ihm schief auf dem Kopf und darunter blitzen silberne Ohrringe hervor. Ich frage ihn, ob wir etwas zu essen bekommen können, und er sagt: »Nur Nudelsuppe.«

Wir bestellen drei große Portionen, und er verschwindet in der Küche.

»Bis jetzt ging es doch wirklich prima«, sagt Christoph.
»Stimmt«, meint Peter. »Heute schaffen wir bestimmt noch ein gutes Stück.«

Die Nudelsuppe schwimmt in Fett, schmeckt nach gar nichts, aber füllt den Magen. Hinterher trinken wir noch ein Glas Milchtee nach dem anderen, wir haben unaufhörlich Durst. Der Körper braucht extrem viel Flüssigkeit, trotzdem habe ich nie das Gefühl, daß ich schwitze. Die Hitze ist so trocken, daß der Schweiß auf der Haut sofort verdunstet.

Als wir aus dem dämmrigen Restaurant wieder ins Freie treten, schlagen Sonne und Hitze uns wie eine Faust entgegen, und wir setzen schnell unsere breitrandigen Filzhüte auf. Um uns hat sich schon eine neugierige Menschenmenge geschart, und jemand fragt, wohin wir denn unterwegs seien. Als wir sagen: »Nach Nepal«, lachen sie und meinen: »Na, das ist aber noch ganz schön weit!«

Nach einer Weile gelangen wir zu einem See, in dem sich ein großer, in den Felsen gemeißelter Buddha spiegelt. In leuchtenden Farben bemalt, sitzt er meditierend auf einer Lotosblüte und läßt gelassen den Straßenverkehr an sich vorbeirauschen.

Im nächsten Dorf halten wir kurz an, um auf der Landkarte nachzusehen, wie weit wir schon gekommen sind. Lhasa liegt nur fünfzig Kilometer hinter uns, aber schon hier ist es so ganz anders als in der Stadt. Dort wimmelt es nur so von Touristen, und die Tibeter scheinen sie kaum noch zu bemerken. Und hier, gar nicht weit davon entfernt, verursachen wir einen Menschenauflauf. Die Leute wollen alles angucken, alles anfassen. Besonders angetan sind sie von unserer merkwürdigen Behaarung, denn Tibeter haben fast keine Körperhaare. Fasziniert zupfen sie an unseren Armen. Kinder springen um uns rum: »*Dalai-Lama picture, guchi guchi!*« Ein Mann lädt uns zum Tee ein, aber da wir gerade erst Tee getrunken haben, lehnen wir ab. Als wir dann weiterfahren, denke ich: Eigentlich blöd, vielleicht wäre es ganz interessant geworden ... So ist das öfter. Wir sind zu müde, haben keine Lust oder wollen weiterkommen und nicht schon wieder Tee trinken, und nachher ärgern wir uns dann über die verpaßte Gelegenheit.

Es ist Nachmittag, wir nähern uns dem Flughafen. Jetzt müssen

Ein Dorf, nicht weit von Lhasa

wir doch eine Steigung hinauf, und auch Christoph und Peter steigen schließlich ab und schieben. Zu meinem Erstaunen ist die Straße auch nach der Abzweigung zum Flughafen noch asphaltiert. Dann, endlich, können wir wieder fahren, der Anstieg liegt hinter uns. Ich bin müde. Mein ganzer Körper ist bleischwer, und meine Beine wollen nicht mehr weiter. Siebzig Kilometer ungefähr sind wir heute schon gefahren. Nicht schlecht, denke ich. Die Sonne steht tief, und wir beginnen, nach einem Lagerplatz Ausschau zu halten. Eine weite, steinige Sandbank am Ufer des Flusses, des Yarlung Tsangpo, sieht einladend aus, und wir schieben unsere Räder die Böschung hinunter.

Ich lehne mein Rad an einen Baum und werfe mich erschöpft daneben. Doch schon nach ein paar Minuten bin ich wieder ein bißchen ausgeruht und baue mit Peter das Zelt auf. Vom Fluß holen wir Wasser, und Christoph kramt seinen Kocher heraus.

Es ist so friedlich und ruhig hier, ein Platz zum Aufatmen. Die Hektik der Stadt ist bereits sehr weit weg. Wir kochen Nudeln mit

Fleisch, und während wir essen, wird es Abend. Das letzte Sonnenlicht klammert sich an die Berge. Schon kriecht die Kälte über den Boden, wir müssen uns Jacken und warme Socken anziehen. Im Topf blubbert Wasser für einen Gute-Nacht-Tee, der Fluß plätschert leise im Hintergrund, und der Wind spielt raschelnd mit den Blättern der Bäume.

So wie heute müßte es weitergehen bis Katmandu, ist mein letzter Gedanke, bevor ich einschlafe.

Über den ersten Paß zum Yamdrok-Yamtso-See

Bei Tagesanbruch krabbeln wir aus den Schlafsäcken. Heute wird es sicher anstrengend werden, wir müssen über den Kamba-La, einen ungefähr 5000 Meter hohen Paß. Da wir keine genaue Karte haben, wissen wir nicht exakt, wie viele Kilometer wir noch fahren müssen, bis wir die Paßhöhe erreichen. Auf jeden Fall ist es ganz schön weit bis dorthin.

Der Tag verspricht heiß zu werden. Noch ist es nicht ganz hell, fahle Dämmerung liegt über dem Land, das erste Licht kriecht gerade über den Horizont. Dann steigt die Sonne hinter den Bergrücken auf. Sie taucht die vorderen Felsen in warmes, leuchtendes Goldrot und zeichnet scharf ihren Grat gegen den Himmel ab. Die Berge im Schatten sind nachtschwarz. Leichter Morgennebel hält sich an den Gipfeln fest, die Sonne klettert höher, und schnell wird es warm.

Wir beeilen uns mit dem Packen, heute wollen wir so früh wie möglich weg. Noch ungefähr zehn Kilometer geht es so locker weiter wie am ersten Tag, dann gelangen wir an eine Kreuzung. Beide Wege führen nach Shigatse, aber wir möchten am See Yamdrok Yamtso entlangfahren. Also biegen wir nach links ab, auf die Straße, die in die Berge hineinläuft. Spontan wäre ich lieber geradeaus gefahren, da scheint die Straße nämlich flach zu bleiben, während wir jetzt bald steil hinauf müssen. Außerdem ist der Weg hier nicht mehr asphaltiert, von nun an müssen wir auf einer Sand- und Steinpiste vorwärtskommen. Zuerst geht es noch leicht bergauf.

Wir kommen an einem kleinen Dorf mit Bruchsteinhäusern vorbei, an bellenden Hunden und schmalen, grünen, am Hang klebenden Feldern, auf denen die Bauern gebückt an der Arbeit sind. Hinter dem Dorf dann schraubt die Straße sich in Serpentinen steil nach oben.

Ich bin schon im Dorf abgestiegen, um zu schieben. Ein paar Dorfkinder in zerlumpten Hosen, barfuß und mit schwarzen Dreckstreifen rennen schreiend hinter mir her: »*Guchi guchi!*« *Guchi guchi* für Dalai-Lama-Bilder und *guchi guchi* für meine knallrote Wasserflasche, die es allen tibetischen Kindern angetan hat. Die Wasserflasche brauche ich dringend selber, und Dalai-Lama-Bilder habe ich auch keine mehr. Doch so schnell geben die Kinder nicht auf. Sie laufen noch eine Zeitlang neben mir her. Ins Dorf zurückzugehen, haben sie noch keine Lust, lieber wollen sie mir schieben helfen. Anfangs bin ich froh über das Angebot, aber dann merke ich schnell, daß es mit ihrer Hilfe anstrengender ist als allein.

Die Straße windet sich in einem bestimmten Rhythmus den Berg hinauf: Zuerst kommt immer ein flaches, gerades Stück, dann windet sie sich in einer kurzen, steilen Kurve nach oben. Auf der geraden Strecke packen die Kinder alle mit an und schieben bis zur Biegung, wobei sie rennen, bis sie nicht mehr können. Sie kreischen vergnügt und ich renne nebenher. So weit, so gut. Aber an der Kurve sind sie dann völlig außer Puste, nach Atem ringend müssen sie stehenbleiben, und mir bleibt nichts anderes übrig, als das steile Stück allein nach oben zu schieben. Danach haben sie sich wieder erholt und setzen zum nächsten Spurt an.

Langsam wird es Zeit für eine Pause, denke ich und bald darauf hole ich Peter und Christoph ein, die sich schon an den Straßenrand gesetzt haben. Schwer atmend stehen die Kinder um uns herum, freuen sich, als wir Biskuits und Trockenobst auspacken. Knabbernd sitzen sie noch eine Weile bei uns, dann trollen sie sich wieder. Erst später merken wir, daß sie uns ein paar Packungen Biskuits stibitzt haben.

Noch bin ich guten Mutes, aber dies war erst der Anfang. Wir müssen heute einen Höhenunterschied von ungefähr 1300 Metern bewältigen. Später stellen wir fest, daß es vom Fuß des Berges bis zur Paßhöhe achtundzwanzig Kilometer waren, die wir zu Fuß und schiebend bewältigt haben. Zum Glück weiß ich das jetzt noch nicht!

Am Vormittag geht es ganz gut, ich komme gleichmäßig voran. Doch es ist heiß geworden, und ich bin froh über meinen tibetischen Filzhut. Ohne ihn hätte ich sicher schon lange einen Sonnenstich. In so großer Höhe ist die Sonne erbarmungslos und stechend, doch was mich am meisten nervt, sind die Lastwagen und die Busse. Busse sind selten, aber Lkws kommen in regelmäßigen Abständen vorbei. Sie nehmen keinerlei Rücksicht und dröhnen so dicht an uns vorbei, daß sie uns beinahe in den Graben drängen. Wenn sie uns dann überholt haben, schleudern sie uns als Zugabe noch eine Ladung Straßenstaub ins Gesicht. Mehrere direkt hintereinander sind eine echte Pest, ich kriege kaum Luft vor Staub und wünsche sie allesamt zum Teufel. Manchmal versuche ich einen Lastwagen anzuhalten, der mich bis auf die Paßhöhe auf der Ladefläche mitnehmen soll, aber vergeblich.

Es wird immer später, ich werde immer müder, und ein Ende ist nicht in Sicht. Christoph ist schon ein großes Stück voraus, und Peter wartet in regelmäßigen Abständen, bis ich ihn eingeholt habe. Wir müssen unbedingt heute noch über den Paß kommen. Hier ist nichts als Straße und steinige Abhänge, keine Möglichkeit, ein Zelt aufzustellen.

Endlich sehen wir weit über uns den Gipfel. Und da ist auch Christoph, er ist beinahe oben.

»Bis dahin geh ich schon mal voraus«, sagt Peter. »Es ist ja nicht mehr weit.«

Doch es ist viel weiter, als es aussieht, und ich bin mittlerweile restlos erschöpft. Irgendwann gelange ich an einen Punkt, da gehen nicht mehr die Beine, sondern nur noch der Wille. Schritt für Schritt ziehe ich mich vorwärts und muß mich zwingen, nicht stehenzubleiben. Zwanzig Schritte laufen, Luft holen. Und wieder: zwanzig Schritte laufen, Luft holen. Das Fahrrad erscheint mir von Minute zu Minute schwerer. Einmal komme ich an einem überhängenden Felsvorsprung vorbei, setze mich in den Schatten und trinke ein paar Schluck Wasser. Am liebsten würde ich jetzt einfach hier sitzen bleiben. Seufzend schaue ich nach oben, nun kann es doch nicht mehr so weit sein. Auf der Höhe steht auch schon Peter und winkt, er hat es geschafft.

Ich raffe mich noch einmal auf und schlurfe weiter, keuchend in der dünnen Luft. Die Gegend um mich her ist trostlos, Steine, Sand, vereinzelte graue Grasbüschel. Alles sieht tot aus. Der Himmel zieht sich drohend und dunkel zu, und sobald die Sonne verdeckt ist, wird es kalt. Wind kommt auf. In immer heftigeren Stößen wirbeln die Böen den Straßenstaub auf. Dann fallen die ersten Tropfen, schwer und abwartend, die Luft ist bleiern und dumpf. Eigentlich müßte ich jetzt meinen Regenumhang aus der Satteltasche kramen, denke ich. Aber das benötigt zuviel Energie. Dann, urplötzlich, beginnt es mit aller Gewalt zu gießen und zu prasseln. Kaum habe ich den Umhang herausgeholt und bin schwitzend ein Stück unter der stickigen Plastikplane gelaufen, da hört der Regen auch schon wieder auf. Als ob er das mit Absicht getan hätte!

Wann bin ich denn endlich oben? frage ich mich zum hundertsten Mal. Die Strecke scheint einfach nicht kürzer zu werden. Gerade als ich denke, jetzt kann ich wirklich keinen einzigen Schritt mehr weiter, sehe ich plötzlich eine Gestalt in grünem Regencape den Abhang herunterhüpfen. Uff! Vor Erleichterung lasse ich fast das Rad fallen. Es ist Christoph, der sich oben schon gut ausgeruht hat und jetzt kommt, um schieben zu helfen. Auf einmal scheint es wieder ganz einfach, und ich freue mich lauthals, daß auch ich es gleich geschafft habe.

»Wieso?« sagt Christoph. »Wir sind doch noch nicht oben.«

»Noch nicht oben? Ist das denn noch nicht der Paß?«

»Der ist noch ungefähr fünf Kilometer weiter.«

Jetzt erst fällt mir auf, daß es hier gar keine Mani-Steine und Gebetsfahnen gibt, an denen man immer schon von weitem erkennt, daß man sich einer Paßhöhe nähert. Im ersten Moment bin ich grenzenlos enttäuscht, dann wütend, dann resigniert, es ist ja doch nicht zu ändern.

Oben, auf dem »falschen« Gipfel sitzt noch jemand mit einem Fahrrad. Es ist ein Franzose, der in die andere Richtung unterwegs ist, von Katmandu nach Lhasa. Er hat bereits eine lange Reise hinter

Wir brauchen einen ganzen Tag, um den 5000 Meter hohen Paß Kamba-La zu überqueren

sich. Erst ist er mit dem Fahrrad von Frankreich in die Türkei gefahren, dann nach Pakistan geflogen, und von dort schließlich wieder bis hierher geradelt. Er und sein Fahrrad sehen ziemlich erledigt aus. Er macht auf mich den Eindruck, als wäre er nur noch unterwegs, um nicht aufgegeben zu haben und nicht mehr aus Spaß an der Reise.

Von hier oben kann ich weit zurückblicken. Ich sehe erstaunt, wieviel wir schon geschoben haben. Tief unter uns schlängelt sich das Flußbett, an dem wir seit Lhaṣa entlanggeradelt sind. Die Berge dahinter erstrecken sich weiter, als das Auge reicht, Gipfel hinter Gipfel, alle noch unterhalb der Schneegrenze. Auch der Berg, auf dem wir gerade sitzen, ist erdig braun und faltig, die Straße ein schmales Band, das sich wie eine Spirale heraufwindet. Ganz unten sehen die Lastwagen aus wie kleine schwarze Käfer, die mühselig nach oben krabbeln. In der anderen Richtung sehe ich nun auch die Paßhöhe mit den wehenden Gebetsfahnen. Sie liegt nicht viel höher als wir, die Serpentinen können also nicht mehr so steil sein, denke ich.

»Eigentlich soll man ja von da oben einen schönen Blick über den See haben«, sagt der Franzose. »Aber ich hatte Pech, alles hing voller Wolken, ich konnte überhaupt nichts erkennen. Ihr habt vielleicht mehr Glück«, meint er, schwingt sich auf sein Rad und läßt sich bergab rollen.

Viel Zeit haben wir nicht mehr. Es ist schon Nachmittag, und oben auf der Paßhöhe können wir auch noch nicht zelten. Gestärkt von Rosinen und Biskuits schieben wir unsere Vehikel weiter, so schwer das Aufstehen und Weitergehen auch fällt.

Die letzten Kilometer werden, obwohl nicht sehr steil, elend schwer für mich. Ich kämpfe mich keuchend voran, aber ich habe keine andere Wahl, irgendwie muß ich heute noch hinaufkommen. Die Gebetsfahnen sehen in der klaren Luft so nah aus, als könnte ich sie mit ausgestreckten Fingerspitzen berühren. Das macht es doppelt quälend. Hinter jeder Kurve denke ich, daß ich nun fast da bin, und dann ist es doch wieder nur eine Täuschung, ist der Gipfel noch immer weit entfernt.

Aber irgendwann liegt auch das hinter mir, ein paar Schritte noch, und ich bin oben. Fast blind vor Erschöpfung stelle ich das Rad neben die Gebetsfahnen – und dann sehe ich den See ...

Es ist wie ein elektrischer Schlag. Den ganzen Tag nur Sand, Fels, Trockenheit, und jetzt, urplötzlich, eine Aussicht, daß ich den Atem anhalte. Ganz im Hintergrund leuchtendweiß die Schneeberge von Bhutan, davor staffeln sich die Felsberge, sandbraun, bläulich, grünlich oder leicht lila schimmernd in der Sonne, tintenschwarz im Schatten. Und davor, direkt unter uns, kaum tiefer als die Paßhöhe, der Yamdrok Yamtso, so intensiv blau, daß es in den Augen weh tut. Nach der ersten Sprachlosigkeit sind wir vor Freude wie übergeschnappt, euphorisch springen wir herum, fallen uns in die Arme, machen Fotos, lachen und reden durcheinander.

Wie kalt es hier oben ist, merken wir erst, nachdem wir uns ein wenig ausgeruht und abgekühlt haben. Wir sind ungefähr 5000 Meter hoch, und es faucht ein harter, schneidender Wind. Langsam wird es Abend und Zeit, einen Zeltplatz zu suchen. Abwärts zu fahren, das wird ein Kinderspiel, habe ich gedacht und mich während des quälenden Aufstiegs darauf gefreut. Aber es ist gar nicht so einfach, braucht Kraft und alle Konzentration. Die Straße ist in so schlechtem Zustand, daß das Rad mich wie ein wild gewordenes Pferd durchschüttelt. Die Straße ist mit Schlaglöchern übersät, überall liegen große Geröllbrocken, denen ich rechtzeitig ausweichen muß. Es ist wie Slalomfahren und Rodeo gleichzeitig. Die Bremsen sind nicht die besten, und mir tun vom dauernden Anziehen, von der Anstrengung, den Lenker festzuhalten, bald die Hände weh.

Wir kommen an einem Dorf vorbei, das sich malerisch inmitten grüner, mit Steinen ummauerter Terrassenfelder an den Hang schmiegt. Aus den geduckten Häusern steigt kräuselnd Rauch auf, dort gibt es sicherlich gleich Abendessen. Beim Gedanken daran, fängt mein Magen an zu knurren.

Vor uns erstreckt sich der See, sein Ufer ist breit und steinig, ein guter Zeltplatz. Mit allerletzter Kraft bauen wir todmüde das Zelt auf und kochen Nudeln. Die Sonne ist fast untergegangen, sie berührt schon beinahe den See. Noch einmal strahlt sie kurz leuchtendorange auf, bevor sie versinkt. Der Himmel wird lila, helle Wolkenstreifen noch über dem schwarzen Wasser, dann ist es Nacht.

Kaum liege ich im Schlafsack, da fallen mir auch schon die Augen zu, und ich schlafe wie ein Stein, tief und fest.

Den nächsten Tag lassen wir ganz gemütlich angehen. Es ist so schön hier! Durch die frostige Morgenstille gehe ich hinunter zum See, um mich zu waschen. Am Ufer ist er dicht mit hellgrünen Pflanzen bewachsen, die jedoch an einer Stelle eine weite Öffnung lassen. Die Wellen glucksen mit einem hellen Laut über die Steine. Ich ziehe die Turnschuhe aus und wate vorsichtig hinein. Eisig brennt das Wasser auf der Haut, weiter als bis zu den Knöcheln traue ich mich nicht. Weit entfernt sehe ich ein paar Tibeter am Ufer stehen. Sie lassen ein Boot ins Wasser, das vermutlich aus aufgeblasener Yakhaut besteht. Es ist rundlich und, wie es scheint, federleicht.

Heute radeln wir den ganzen Tag am See entlang. An der Landschaft kann ich mich nicht satt sehen. Der See ist so glatt wie ein Spiegel, im blauen Himmel glitzern die weißen Eiskappen der Berge.

Die Straße jedoch ist eine Folter. Sie ist rubbelig wie ein quergelegtes Waschbrett, über das mein Rad holpernd hinweghüpft. Dazwischen verstecken sich tiefe Sandkuhlen. Sobald ich nicht aufpasse und in eine solche Kuhle hineingerate, schlägt es mir gleich den Lenker aus der Hand. Wieder überholen uns den ganzen Tag Busse und Lastwagen, die uns aufgewirbelten Staub schlucken lassen. Dazu kommt die Sonne, die auf meinen Kopf brennt und mich ausdörrt. Ständig habe ich Durst und eine kratzige Kehle.

Wir haben vor, heute bis nach Nagarze zu fahren. Da soll es, nach Information des Franzosen, ein Armee-Camp mit Restaurant geben, wo man übernachten und essen kann. Von unserem letzten Zeltplatz bis dorthin sind es ungefähr vierzig Kilometer. Das hört sich wenig an, aber auf dieser Straße mit vollgepacktem Rad brauchen wir einen vollen Tag dafür.

Je später es wird, um so mehr zieht sich die Strecke. Ich habe das Gefühl, als hätte ich heute schon tonnenweise Staub geschluckt. An den Kilometersteinen – manchmal gibt es sogar Hundertmetermarkierungen – zählte ich ab, wie viele wir schon hinter uns gebracht haben. Achtunddreißig . . . neununddreißig . . . vierzig Kilometer, und immer noch nichts, das einem Ort ähnlich sieht. Am Straßenrand stehen Peter und Christoph und studieren die Landkarte.

»Also, hiernach sieht es aus, als wären es höchstens vierzig Kilometer.«

»Die Karte muß aber nicht unbedingt stimmen.«

»Na ja, ganz falsch kann sie auch wieder nicht sein.«

Um uns ist es einsam, kein Haus, kein Mensch, nur Berge, der blaue See, Staub, Durst, Müdigkeit.

»Fahren wir am besten noch etwas weiter, zehn Kilometer oder so. Im Notfall müssen wir eben wieder zelten.«

Diese zehn Kilometer erscheinen mir endlos. Die Straße führt pausenlos bergauf, dann bergab, wieder bergauf und wieder bergab. Die Steigungen sind steil und gerade etwas zu lang, um sie hinauffahren zu können. Also abspringen – schieben – fahren – abspringen . . . So langsam reicht es mir. Irgendwo hier muß das Dorf doch sein!

Ich biege um eine Kurve, und da, die ersten Häuser! Endlich! Das Militär-Camp ist nicht zu verfehlen, es hat eine weite Auffahrt und einen großen, bogenförmigen Eingang. Daneben steht ein Wärterhäuschen, und ich frage den Soldaten, der hier Wache schiebt, ob wir hier übernachten können. Es kommt mir ein bißchen komisch vor, mich in einer Kaserne nach einem Zimmer zu erkundigen, aber das ist hier anscheinend ganz normal. Der Soldat sagt, daß hier öfters Touristen übernachten.

Wir bekommen eine Baracke am oberen Ende des Militärgeländes zugewiesen. Sie ist schmal, lang, bietet gerade genug Platz für vier Betten und wird durch ein winziges Fensterchen belüftet. Dementsprechend abgestanden und miefig riecht es denn auch. Da ich von oben bis unten mit Staub bedeckt bin, will ich mich erst mal waschen. Mitten zwischen den Baracken, im Freien, steht ein einsamer Wasserhahn: das Badezimmer. Gerade, als ich überlege, wie ich mich hier unauffällig waschen kann, kommen auch schon zwei Soldaten herangeschlurft. Während ich meine Haare unter den Wasserhahn halte, gucken sie interessiert zu. Sie kommen beide aus Nordchina, erzählen sie, und sind zu Tode gelangweilt.

»Es gibt hier nichts zu tun, das Klima und die große Höhe sind anstrengend, und meine Familie habe ich schon mehr als zwei Jahre nicht gesehen«, sagt der eine, und der andere spuckt bekräftigend auf den Boden.

Meine Haare sind gewaschen, und da ich mich jetzt sowieso nicht richtig waschen kann, will ich erst mal was essen gehen. Doch so schnell lassen die beiden mich nicht weg. Sie stellen die ewig gleichen Fragen, die für sie ungeheuer interessant sind, die ich aber schon hundertmal beantwortet habe: »Wie ist das Leben in Deutschland? Was verdient ein deutscher Arbeiter im Monat? Was kostet bei dir zu Hause die Kleidung, was das Essen?« Die Fragen drehen sich immer in erster Linie um Geld und ums Essen. Endlich lassen sie mich gehen.

Das Restaurant ist eine freudige Überraschung. Es gibt eine verhältnismäßig große Auswahl an Gerichten, und der Koch kommt diensteifrig angelaufen, als er uns eintreten sieht. Vielleicht ein bißchen zu freundlich und eifrig. Wir bestellen Gemüse, *dou fu* (Sojabohnenquark), Eiersuppe mit Tomaten und Reis natürlich und lassen es uns schmecken. Doch dann kommt die Rechnung.

»Sechsundzwanzig *Yuan*«, sagt der Koch und streckt die Hand aus.

»Sechsundzwanzig?« Im ersten Moment bin ich sprachlos vor soviel Dreistigkeit. In einem Durchschnittsrestaurant hätte es ungefähr fünf *Yuan* gekostet, in einem teuren höchstens zehn. Er grinst. Chinesen sind nicht umsonst als findige, gerissene Geschäftsleute bekannt. Es macht ihnen Spaß, andere hereinzulegen und für sich selbst einen Vorteil dabei herauszuholen. Wenn der andere darauf hereinfällt – selber schuld. Und wenn man schon mal das Glück hat, daß reiche Ausländer hereinschneien, dann wäre man doch blöd, die Gelegenheit nicht zu nutzen – oder?

Das übliche Handeln und Feilschen beginnt. Er wird fuchsteufelswild, fuchtelt mit den Armen herum und schreit, wir wollten ihn betrügen. »Erst essen und dann nicht bezahlen!« Ich rechne ihm immer wieder vor, was wir gegessen haben und was das in anderen Restaurants kosten würde. Nach langem Hin und Her einigen wir uns schließlich erschöpft auf sechzehn *Yuan*, immer noch viel zuviel.

Ich hasse das. Und immer ist es dasselbe, wenn es keine festen Preise gibt. Wie oft habe ich das in China schon erlebt! Manchmal höre ich sie hinter meinem Rücken bereits tuscheln, während ich noch esse: »Wieviel soll ich verlangen? Zehn, fünfzehn, zwanzig *Yuan*?« »Egal, Ausländer haben doch Geld genug, die zahlen alles.« In solchen Momenten komme ich mir richtiggehend verarscht vor. Ich habe das Gefühl, sie sehen mich nur noch als wandelnden Geldbeutel, aus dem sie sich nach Belieben bedienen können.

Nachts schlafe ich schlecht, die Luft im Zimmer ist muffig und abgestanden, und ich habe die ganze Nacht pausenlos Durst. Morgens geht es dann genauso mies weiter. Ich bin völlig daneben, kriege kaum die Augen auf und fühle mich ungeheuer schlapp. Die Anstrengungen der letzten drei Tage waren wohl doch etwas zuviel. Erst mal frühstücken, denke ich, dann geht es sicher wieder.

Im Restaurant beugt der Koch sich gerade über einen großen Topf, als wir hereinkommen. Er würdigt uns keines Blickes.

»Was gibt's denn heute zum Frühstück?« frage ich.

»Macht gefälligst, daß ihr hier rauskommt!« schreit er im nächsten Augenblick völlig außer sich vor Wut. »Was für eine Frechheit, sich noch mal hier herein zu trauen!«

Ein paar Soldaten stehen schon neugierig in der Tür, gucken zu und grinsen. Endlich ist mal was los. Wir verschwinden lieber und brühen uns im Zimmer Instant-Nudelsuppe mit heißem Wasser aus der Thermoskanne.

Als wir aufbrechen, ist es spät. Die Sonne steht schon hoch und weiß am Himmel. Hinter Nagarze müssen wir wieder einen Paß hinauf, den etwas über 5000 Meter hohen Karo-La. Vor Pässen habe ich inzwischen großen Respekt, aber dieser ist nicht so steil wie der Kamba-La. Da wir seit gestern über ein 4500 Meter hohes Plateau fahren, ist die Steigung nicht mehr dramatisch. Sitzt man hier in einem Bus, merkt man wahrscheinlich gar nicht, daß es bergauf geht. Die Straße steigt kaum merklich an, so wenig, daß wir noch nicht schieben müssen. Das Fahren allerdings ist anstrengend, ich brauche viel Kraft beim Durchtreten. Den Kopf nach unten, strampele ich dahin. Heute habe ich keinen Blick für die Umgebung, ich will bloß vorwärts kommen.

Peter und Christoph sind wie immer weit voraus, mein Schädel brummt, und ich grummele vor mich hin. Scheißtag! Diesmal beneide ich die Leute, die bequem im Bus sitzen und sich fahren lassen.

Allmählich wird es steiler, ich steige ab und schiebe. Allzuweit kann es eigentlich nicht mehr sein bis zur Paßhöhe, sage ich mir. Noch immer geht es nicht so steil bergauf wie gestern auf den Kamba-La, und Christoph und sogar Peter auf seinem Rad ohne

Gangschaltung treten noch durch. So sind sie viel schneller als ich, und als es ihnen zu lange dauert, läuft Peter zurück und fährt mein Rad ein Stück den Berg hinauf.

Wir legen eine Pause ein und beschließen, noch bevor wir oben sind, einen Platz zum Zelten zu suchen. Es ist phantastisch schön hier, obwohl die Vegetation in dieser Höhe sehr karg ist. Ein bißchen Gras wächst kümmerlich neben einem kleinen Bach, der den Berg hinunterhüpft. Weißwollige Schafe grasen gemütlich vor sich hin. Direkt hinter uns – ein gigantischer Anblick! – funkelt ganz nah und blendend grell ein großer, weißer Gletscher.

Der Hirte und seine Schafe beäugen neugierig unsere Zelte, dann ziehen sie langsam bergab. Es ist Abend geworden, der Verkehr auf der Straße hat sich gelegt. Nur das monotone Plätschern des Bachs ist noch zu hören. In Tibet ist die Stille fast fühlbar, greifbar, besitzergreifend in diesen öden Bergen, unter diesem nachtschwarzen Himmel, der lautlos und tief ist wie das All.

In der Nacht regnet es leicht, die Tropfen klopfen wie mit leisen Fingern auf das Zeltdach. Als ich am frühen Morgen aufwache, sind die Schlafsäcke am Fußende etwas feucht, das Zelt scheint doch nicht ganz dicht zu sein.

Heute morgen ist der Himmel wolkenverhangen, und wir sitzen nach dem Frühstück noch eine Weile vor dem Zelt. Der Regen der Nacht hat mittlerweile aufgehört, und die Sonne wagt sich zögernd hinter den Wolken hervor. Ich laufe ein Stück den Bach entlang, um die Wasserkanister aufzufüllen. Vor der Kulisse des gewaltigen Gletschers wirken die beiden Zelte winzig, wie Spielzeug. Die Wiese ist naß vom Tau, die Grashalme glitzern in der Sonne. Noch ist die Luft frisch, und das Bachwasser ist eisig, als es über meine Hände läuft. Ein paar kleine Vögel hüpfen am Ufer herum, sie piepsen aufgeregt, lassen mich aber ziemlich nah herankommen, bevor sie wegfliegen.

Noch etwa fünfzehn Kilometer müssen wir bergauf heute. Es ist nicht steil und das Schieben einfach, fast ein Spaziergang. Christoph und Peter wollen fahren, ich laufe lieber, auch wenn es etwas länger dauert. Gut ausgeruht und gut gelaunt wandere ich vor mich hin und lasse die Gedanken schweifen. Plötzlich taucht aus dem Nichts ein Mädchen auf. Wahrscheinlich wohnt sie dort unten in dem Dorf, das wir gestern passiert haben. Sie mag vielleicht zehn, zwölf Jahre alt sein und ist ganz anders als die Kinder sonst, die sich jedesmal schreiend auf uns stürzen, sobald sie uns auftauchen sehen.

Erst guckt sie sich alles ganz genau an, mich, das Fahrrad, das Gepäck, dann zeigt sie bestimmt auf meine rote Wasserflasche: »*Guchi guchi!*« Dabei ballt sie die Hand zur Faust und streckt den Daumen hoch. Die Wasserflasche kann ich ihr nicht geben, aber sie bettelt nicht stundenlang weiter wie die Kinder sonst. Statt dessen läuft sie neben mir her und erzählt mir ernsthaft etwas auf tibetisch. Dann sieht sie mich fragend an und wartet auf Antwort. Ich habe kein Wort verstanden und erzähle ihr genauso ernsthaft etwas auf deutsch. Sie hört gespannt zu, es macht ihr Spaß, und wir unterhalten uns auf diese Weise angeregt eine Zeitlang. Dann bringt sie mir ein paar Worte Tibetisch bei: Straße, Vogel, Bach.

Sie trägt eine schwarze Jacke, die an den Ärmeln mit einem verblichenen rosa Band verziert ist, und eine buntgestreifte Schürze. Um den Hals hat sie ein gemustertes Tuch geknotet, und an den Füßen schlabbern zu große, löchrige Armeeturnschuhe. Ihre Kleidung ist, wie bei den meisten Tibetern, zerrissen und staubbedeckt. Und wie alle Tibeter trägt auch sie Schmuck, ein Paar Ohrringe. Sie hat ein liebes Gesicht, zottelige Haare und stark mongolische Augen.

Während wir uns unterhalten, höre ich plötzlich von hinten jemanden rufen. Ich drehe mich um – und da kommt ein Radfahrer den Berg heraufgekeucht. Es ist Clayland, der Engländer, mit dem zusammen Jutta nach Shigatse fahren wollte. Er hat rote Haare, und das Mädchen starrt ihn fasziniert an.

»Ist Jutta denn nicht mitgekommen?«

»Sie hat sich entschlossen, doch mit dem Bus zu fahren, und wartet in Shigatse auf euch.«

Clayland ist erstaunlich, er muß ungeheuer zäh sein. Die Strecke Lhasa–Katmandu will er, da er wenig Zeit hat, in nur zwei Wochen schaffen. Er ist ohne Kocher und fast ohne Vorräte unterwegs, und

Auf dem Karo-La-Paß: Von links: Clayland, Peter, ich und Christoph

das treibt ihn an, schneller zu fahren. In Lhasa kam er völlig ausgehungert und abgemagert an, und kaum hatte er sich etwas erholt, fuhr er schon wieder weiter. Er läßt mich ein Stück auf seinem Mountain-Bike probefahren. Es tritt sich wie Butter den Berg hinauf. Als er mir mein Rad zurückgibt, kommt es mir doppelt schwer und unförmig vor. Er radelt schon mal voraus zur Paßhöhe, und ich komme mit meiner neuen Freundin, die alles ganz genau beobachtet hat, hinterher.

Da sind auch schon die Gebetsfahnen, wir sind oben! Wieder bin ich überwältigt von dem herrlichen Ausblick. Die Paßstraße führt genau zwischen zwei Eisriesen hindurch, und hinter ihrem blendenden Weiß wirkt der Himmel fast schwarz.

Auch diesmal sind wir nicht die einzigen Ausländer hier oben. Ein Jeep mit vier Deutschen ist gerade angekommen.

»Mit dem Fahrrad hier rauf, Donnerwetter!« Plötzlich werden wir zur vielbestaunten Attraktion, ein merkwürdiges Gefühl.

Heute bin ich wieder glücklich, mit dem Fahrrad unterwegs zu sein, die erschöpfenden Stunden von gestern sind schon fast vergessen. Fährt man im Bus über einen Paß, steigt man nur kurz aus und denkt: O ja, schöne Aussicht hier oben, ganz nett. Aber das Euphorische fehlt, der extreme Gegensatz zwischen dem langen, mühevollen Aufstieg und der Freude, endlich oben zu sein.

Es ist so schön hier, daß ich gar keine Lust habe, weiterzufahren. Schließlich muß es doch sein, und wir steigen wieder auf und lassen uns hinabrollen, kilometerlang. Ich fahre wie im Rausch durch eine bizarre, wüste, bergige Mondlandschaft. Immer wieder halte ich kurz an und blicke mich um. Riesig ragt der Gletscherberg auf, Wolken haben sich malerisch über ihm zusammengezogen. Die Straße scheint wie eine Schlange direkt aus ihm hervorzukriechen. Um mich wogen vom Wind glattgeschliffene Felsen wie Sanddünen. Jeder hat eine etwas andere Tönung, der eine rötlich, der andere mehr grünlich, sie sehen aus wie ein zu Stein gewordenes Meer. Die Berge und der Himmel sind so weit und ohne Ende. Auf meinem Fahrrad, den sausenden Wind um die Ohren, fühle ich mich vollkommen frei, wie ein Vogel.

Allmählich wird die Straße wieder flacher, und wir kommen durch Raps- und Gerstenfelder, durch Dörfer. Sobald die Kinder uns sehen, stellen sie sich an den Straßenrand und winken: »*Bye, bye!*« Immer sind auch ein paar richtige Rotzlümmel darunter, die uns, dreck- und rotzverschmiert, in zerfetzten Hosen und barfuß, hinterherrennen und »*guchi, guchi!*« schreien. Sobald sie merken, daß sie nichts kriegen, klammern sie sich ans Fahrrad und versuchen mich umzuwerfen. Manche beschießen uns auch aus Steinschleudern. Genervt gewöhnen wir uns an, so schnell wir können durch die Dörfer zu sausen.

Woher das andauernde Betteln kommt, wird uns bald klar. Wir sehen einen Touristenbus durch das Dorf fahren. Er verringert kurz die Geschwindigkeit, die Fenster gehen auf, und Ausländer stecken ihre Köpfe heraus. »Ooooh, die Kinder, guck mal, wie süüüß ...!« Es regnet Bonbons, Kugelschreiber und Dalai-Lama-Bilder. Sobald das Gedränge um den Bus zu stark wird, gibt der Fahrer Gas, und sie fahren weiter. Die Kinder hier sehen es schon als ihr gutes Recht an, bei Ausländern immer etwas abzustauben.

Es ist ein ständiger Zwiespalt. Ich bin umgeben von Armut und im Vergleich zu einem Tibeter steinreich. Nur – indem ich Almosen verteile, helfe ich niemandem, im Gegenteil. Es erleichtert nur das eigene schlechte Gewissen. Trotzdem komme ich mir immer wieder herzlos vor, wenn ich die Kinder abschüttele.

Die Straße wird schlecht, es hat einige kleine Erdrutsche gegeben. Die Oberfläche ist matschig und voller Steinbrocken. Schließlich schlagen wir am Flußufer unsere Zelte auf. Durch die langen Schatten der Abendsonne zieht eine Yak-Karawane die Straße entlang, weit entfernt noch, verschwindend klein vor den zerklüfteten Felsen. Sie marschiert langsam und gleichmäßig, die Yaks schwanken unter ihren Lasten. Ein zeitloses Bild. So sind die Karawanen sicher schon vor Jahrhunderten die alten Handelswege entlanggewandert.

Licht und Schatten wechseln morgens und abends schnell und schaffen ein grandioses Schauspiel aus ineinander übergehenden Formen und Farben. Auch heute abend sitzen wir wieder vor den Zelten, kochen Kaffee und lassen alles auf uns einwirken. Vom Fluß her nähern sich zwei Frauen und ein Mädchen. Sie gehen gebückt, auf dem Rücken tragen sie Kiepen mit Gemüse. Als sie unsere Zelte entdecken, kommen sie neugierig heran. Zur Begrüßung strecken sie leicht die Zunge heraus, die tibetische Art, höflich »guten Tag« zu sagen. Sie befühlen unser Zelt und reiben das dünne Material erstaunt zwischen den Fingern. Es wiegt gar nichts im Vergleich zu ihren schwarzen Yakhaarzelten. Sie setzen sich zu uns, und wir bieten ihnen Kaffee an. Vorsichtig nippen sie, ein wenig mißtrauisch, und verziehen das Gesicht. Igitt! Doch dann sehen sie, daß wir auch etwas Zucker haben. Zucker ist eine große Kostbarkeit in Tibet, und sie fragen nach einem Becher Kaffee für das Mädchen, ganz, ganz stark gesüßt. Erst guckt sie skeptisch, doch es schmeckt ihr anscheinend, und in einem Zug trinkt sie den Becher leer.

Langsam wird es dunkel, und die Frauen stehen auf, um sich auf den Heimweg zu machen. Aber etwas müssen sie noch fragen, sagen sie kichernd, sie hätten schon die ganze Zeit drüber nachgegrübelt. Zu dritt in zwei Zelten? Wie haben wir denn das aufgeteilt? Ach, in dem einen Zelt muß Christoph alleine schlafen ... »Wie traurig«, sagen sie anteilnehmend und sind erst wieder beruhigt, als Christoph ihnen ein Foto von seiner Freundin in Deutschland zeigt.

»Bis Gyantse bleibt es wahrscheinlich flach«, überlegen wir, als wir uns am nächsten Morgen über die Landkarte beugen. »Da liegt kein Paß mehr dazwischen.«

Das Beladen der Fahrräder geht mittlerweile richtig schnell. Das Fahren wird immer leichter, und wie jeden Tag bin ich auch heute wieder wie berauscht von der Landschaft. Die Farben sind stark und intensiv, gleichzeitig aber auch transparent.

Allmählich hat sich ein regelmäßiger Tagesrhythmus eingependelt. Morgens lassen wir uns Zeit, kochen in Ruhe Nudelsuppe und Ersatzkaffee. Den Tag über fahren wir zügig durch und machen keine lange Rast mehr, nur ab und zu eine kurze Pause, um auszuruhen, Wasser zu trinken, Kekse und Trockenobst zu essen. Am späten Nachmittag sehen wir schließlich zu, daß wir einen Zeltplatz finden.

Überall auf den Feldern sind Bauern bei der Arbeit. Manche blicken gar nicht auf, andere halten eine Hand über die Augen und sehen uns erstaunt nach, wieder andere winken und rufen laut: »Tashi deleh! – Hallo!« Die Kinder spielen wieder einmal das bekannte Spiel und rennen von den Feldern, was das Zeug hält, auf die Straße, um uns abzufangen. Wir treten in die Pedale, um ihnen zu entwischen.

Richtig gefährlich sind die riesigen, schwarzen tibetischen Wachhunde, mit denen wir schon auf dem Weg nach Lhasa Bekanntschaft gemacht haben. In Lhasa erzählte uns eine Engländerin, daß sie in Tibet von Hunden angefallen und gebissen worden sei. Das allein ist schon schlimm genug, aber was ist, wenn der Hund Tollwut hat? Sobald einer bellend und knurrend auf uns loszuspringen droht, was beinahe täglich geschieht, hilft es schon, wenn wir Steinbrokken aufheben und sie wurfbereit in der Hand halten. Jeder Hund hier kennt diese Geste. Tibeter, die lästige Hunde wegscheuchen wollen, werfen die Steine sehr treffsicher. Oft reicht das, aber nicht immer, und so haben wir in dem Beutel am Lenker stets Stöcke griffbereit, um damit im Notfall die Hunde abwehren zu können. Aber meistens vertraue ich darauf, abzusteigen, beruhigend auf sie einzureden und ganz langsam an ihnen vorbei zu gehen. Ich hoffe, daß sie nicht angreifen, wenn sie sich nicht bedroht fühlen. Bis jetzt hat es immer geklappt.

Kurz vor Gyantse müssen wir dann doch noch einen kleinen Paß überqueren. Aber er ist nicht lang, und die letzten Kilometer bis zum Ort fahren sich fast von allein. Erst hole ich Christoph ein, der immer wieder angehalten hat, um zu fotografieren, und schließlich auch Peter. Schon von weitem können wir die Burgruine – den Dzong – über der Stadt aufragen sehen.

Von Gyantse nach Shigatse

Gyantse war einmal im 14., 15. Jahrhundert eine bedeutende Stadt, die Hauptstadt eines kleinen Fürstentums. Die Fürsten kontrollierten von ihrer Burg aus den Handel nach Nepal, nach Indien, und in die andere Richtung nach Lhasa und nach China. In Gyantse selbst wurden vor allem Teppiche und andere Wollerzeugnisse hergestellt. Hier trafen sich Händler aus nah und fern, die mit ihren Yak-Karawanen die alten Handelswege entlanggezogen kamen. Klöster wurden gebaut, große nepalische Künstler errichteten einen Stupa, und im chinesischen Stil ließen die Fürsten eine Schutzmauer um ganz Gyantse ziehen. Diese Mauer hielt auch tatsächlich mehreren Angriffen stand, nicht aber den Engländern.

Die rückten im Jahre 1904 mit Kanonen an und zerstörten die

Stadt. England, damals noch Kolonialmacht in Indien, war zu Ohren gekommen, daß Rußland von Tibet besondere Rechte zugestanden bekommen hatte. Das britische Empire fürchtete um seine

Gyantse

Vormachtstellung in dieser Region und schickte Francis Younghusband nach Tibet, um diesen Gerüchten nachzugehen. Ohne großen Widerstand marschierte er vor bis Gyantse. Doch hier stellte sich ihm eine tibetische »Armee« entgegen, mit einigen wenigen uralten Vorderladern kaum bewaffnet. Younghusband hatte vorgehabt, ein Blutvergießen zu vermeiden, doch wie das so geht: Irgend jemand begann zu schießen, und ein Massaker begann. Innerhalb von nur vier Minuten machten die Engländer siebenhundert Tibeter nieder, zerstörten und plünderten die Stadt. Younghusband hatte nun Oberwasser. Er marschierte in Lhasa ein, setzte Handelsprivilegien für England durch und gründete ein britisches Handelszentrum in Gyantse.

Rund um den Ortskern von Gyantse liegen chinesische Neubauten, aber nicht viele, sie wirken nicht so erdrückend wie in Lhasa. Ein paar Ausländer, die uns auf der Straße begegnen, weisen uns den Weg ins Hotel. Es sieht aus wie ein großer Truck-Stop, mit einem Hof in der Mitte. Wir fragen nach einem Zimmer, und es ist auch noch eins frei. Allerdings müssen wir über eine steile Treppe nach oben klimmen, und das ist mit den Rädern schwierig. Wir wollen sie sicherheitshalber mit ins Zimmer nehmen, denn Fahrräder sind kostbar in Tibet und Ersatzteile oft schwer zu kriegen. Da ist die Versuchung groß, sich einfach zu nehmen, was man braucht.

Es ist schon Abend, und wir laufen nur kurz durch die Stadt, morgen wollen wir hier einen Rasttag einlegen und uns alles in Ruhe anschauen. Aber jetzt haben wir erst mal Hunger. Obwohl Gyantse viel von Touristen besucht wird – es liegt bequem auf dem Weg zwischen Lhasa und Shigatse –, gibt es nur zwei kümmerliche Restaurants. Das einzige, was es hier zu essen gibt, sind Bratkartoffeln mit Ei, die in Fett schwimmen. Das Restaurant neben unserem Hotel ist klein und voller Ausländer. Sie sitzen, in allen möglichen Sprachen durcheinanderredend, auf schmalen Bänken um Holztische herum, die abgestandene Luft ist dick vom Küchenmief. Alles ist mit einer klebrigen, schwarzen Dreckschicht überzogen. Unter den Tischen hat sich eine Horde Hunde versammelt, die da hocken und mit feuchten Augen nach oben starren. Sie winseln und betteln, ganz anders als die wütenden Wachhunde.

Gyantse scheint ein wahres Paradies für Hunde zu sein, so viele wie hier habe ich noch nirgendwo in Tibet gesehen. Überall liegen große und kleine mehr oder weniger räudige Köter herum. Niemand tut ihnen etwas zuleide. Schließlich kann es durchaus passieren, daß man in einem späteren Leben nicht als Mensch, sondern zum Beispiel als Hund wiedergeboren wird. Aus diesem Grund töten gläubige Buddhisten keine Tiere, andererseits essen sie aber auch gern Fleisch – ein schwieriges Dilemma. Eigentlich dürfen sie nur solche Tiere essen, die eines natürlichen Todes gestorben sind. Da die aber nur schwer zu beschaffen sind, läßt man Yaks und Schafe eben von – sozial niedrigstehenden – Schlachtern umbringen. Damit ist man selbst die Verantwortung los.

Wer weiß, wer in diesem kleinen Hund wiedergeboren ist, der da gerade zu meinen Füßen sitzt und mich hungrig winselnd anbettelt? Er sieht noch einigermaßen gesund aus, aber die meisten seiner Kollegen sind abgemagert und verfloht, mit schäbigem, löchrigem, dreckverkrustetem Fell. Einige Leute werfen mitleidig Kartoffelbrocken unter den Tisch, und die Hunde wuseln hektisch hin und her.

Zwei Deutsche haben gerade fertig gegessen. »Sch ... sch ... komm mal her ...« Sie halten ihre Teller unter den Tisch, und begeistert drängeln die Hunde sich, um sie abzulecken.

»Pfui Teufel«, meint Peter. Nicht sehr hygienisch – wenn man sieht, wie die Teller in der Küche gespült werden. Eine Frau hat einen Eimer mit einer trüben Brühe vor sich, in der Essensreste schwimmen. Dahinein taucht sie schnell die Teller – fertig. Und schon wird – klatsch – die nächste Portion Kartoffeln aufgefüllt.

An unserem Rasttag laufen wir durch die Stadt. Gyantse wirkt viel tibetischer als Lhasa; es ist klein, kaum größer als ein Dorf. Das eine Ortsende wird markiert von dem verwüsteten Dzong auf dem Hügel, am anderen Ende breitet sich ein Kloster mit dem berühmten weißen und goldenen Stupa auf einem Hang aus, abgeschirmt von einer rotgestrichenen Mauer, die sich über den Hügelkamm zieht.

Dazwischen liegt die Stadt, ihr Zentrum ist die Hauptstraße mit dem Markt. Rechts und links der Straße stehen weiße, tibetische Häuser, eins neben dem anderen wie eine Reihenhaussiedlung. Auf den Dachecken flattern Gebetsfahnen, über den Hauseingängen sind Markisen gegen die Sonne aufgespannt, darunter Verkaufstische mit Süßigkeiten, Zigaretten, Schnüren, Messern und anderen Gebrauchsgegenständen. Wir gelangen zum Marktplatz, der mit Blechplatten überdacht ist. Hier reiht sich ein Stand an den anderen, Gemüse wird verkauft, Fleisch und Butter. Viele Leute sind zu Fuß unterwegs, einige mit dem Fahrrad und manche mit hölzernen Wagen, die von mageren Ponys gezogen werden.

Über die Marktstraße gehen wir zum Kloster. Von dem ehemals großen Klosterkomplex haben die Chinesen nicht mehr viel übriggelassen. Auf alten Fotos sieht man noch eine große Anzahl Gebäude, die sich über den Hang verteilen, davon stehen nur noch zwei Tempel. Erstaunlich ist, daß hier früher mehrere buddhistische Sekten ihre Tempel in einem Klosterbezirk zusammen errichtet hatten. Normalerweise sind die Rotmützen, die traditionelle Sekte, und die Gelukpa, die Reformierten, streng voneinander getrennt.

Das Beeindruckendste in Gyantse aber ist der Kumbum, der große Stupa. Er wurde von den nepalesischen Newari erbaut, die berühmt waren für ihre kunstvollen Tempel. Ursprünglich waren Stupas Reliquienschreine, in denen Asche, Knochenreste von Heiligen oder ähnliches aufbewahrt wurde. Mit der Zeit bekamen sie dann immer mehr rein symbolischen Charakter. Der Form nach drückt ein Stupa die fünf Elemente aus: Der zylinderförmige Sockel steht für das Element Erde, das runde Mittelteil für Wasser, die Spitze für Feuer, der Halbmond darauf für Luft, und die oberste Spitze symbolisiert Äther. An diesem Stupa hat alles, jedes Detail, eine Bedeutung, nichts ist zufällig. Die vier Türen zum Beispiel weisen in die vier Himmelsrichtungen, magische Zahlen finden sich überall, und die Proportion des Stupa ist genau identisch mit der Proportion des sitzenden, meditierenden Buddha.

Das Weiß und das Gold des Kumbum blenden die Augen. Mehrere abgestufte Stockwerke im Sockel enthalten frisch restaurierte Wandmalereien. Ich bin überrascht, wie fein gemalt und wie ausdrucksstark sie sind, die furchterregenden Dämonen wirken richtig lebendig. Die Trümmer der ehemaligen Klostergebäude sind gründlich weggeräumt worden. Wüßte ich nicht von den alten Fotos her, wie es früher hier ausgesehen hat, wie viele Tempel hier einmal gestanden haben, würde ich nicht glauben, daß hier so viel zerstört worden ist.

Vom oberen Teil des Kumbum blicken vier aufgemalte, geschwungene Augenpaare nach Norden, Süden, Osten und Westen. Das spitze, goldene Dach blitzt in der Sonne, als würde es Funken sprühen. Es ist heiß, unten schlurfen ein paar Tibeter über den Hof. Trotz der Hitze tragen sie ihre schweren, gefütterten Ledermäntel. Eine Schulter ist nackt, der Mantel ist in der Hüfte zusammengebunden und der Ärmel baumelt fast bis auf den Boden. Sie drehen Gebetsmühlen in den Händen und gehen schwankend wie alte Seemänner.

Der Rasttag macht müde und schläfrig, und wir trotten zurück zum Hotel.

»Uff«, sagt Peter, »bin ich kaputt!« Er ist nicht nur müde; als er sich ins Bett legt, hat er Fieber. »Hoffentlich werde ich nicht richtig krank . . .«

Im Hotel wohnen noch andere Ausländer, und von ihnen erfahren wir interessante Neuigkeiten. »In Shigatse fängt morgen ein Fest an!«

»Ja? Was für ein Fest denn?«

»Da wird drei Tage lang ein Thangka, so ein buddhistisches Rollbild, ausgehängt. Das Fest war während der letzten Jahre verboten gewesen, und erst seit ungefähr drei Jahren dürfen die Tibeter es wieder feiern. Da wird in Shigatse sicher schwer was los sein!«

»Ob wir das schaffen, morgen in einem Tag nach Shigatse?« frage ich Christoph. »Das sind immerhin noch neunzig Kilometer.«

Christoph holt seine Landkarte. »Aber die neunzig Kilometer sind anscheinend ganz flach, sicher nicht schwer zu fahren.«

»Hoffentlich geht es Peter morgen wieder besser!«

Ganz ist er am nächsten Morgen noch nicht in Ordnung, aber es geht wieder einigermaßen. Das Fieber ist zumindest weg, und er

Der Stupa in Gyantse

will es auf jeden Fall versuchen. Clayland möchte heute auch weiter nach Shigatse, aber er muß erst noch ein paar Sachen besorgen. Irgendwann im Laufe des Tages wird er uns wahrscheinlich wieder einholen. Er will in einem Tag durchfahren, aber da es Peter noch nicht so gutgeht, werden wir wohl zwei Tage brauchen.

Die Straße zwischen Gyantse und Shigatse ist fast wie eine Autobahn. Zwar nicht asphaltiert, aber breit und glatt. Sie hat wenig Schlaglöcher und kaum Steigungen, und ich trete leicht und flüssig. Wir radeln durch ein weites Hochtal, die Berge sind weit entfernt, gezackt und sandbraun, um uns nichts als Felder. Raps und grüne Gerste werden von Windböen weich niedergedrückt und richten sich dann schwankend wieder auf, die Wolken malen dunkle Flekken, die gemächlich über die Felder hinwegziehen. Die Gegend sieht reich und fruchtbar aus, alles grünt und blüht. Den Leuten in diesem Tal muß es doch gutgehen, denke ich.

Um so erstaunter bin ich, als wir uns zu einer Rast an einer Brücke niederlassen. Sofort kommen von den umliegenden Feldern Tibeter herbeigelaufen – und sie sehen noch viel ärmer aus als die Bauern, denen wir bis jetzt begegnet sind. Sie sind unbeschreiblich zerlumpt, ihre Kleidung besteht nur noch aus irgendwie zusammengehaltenen Fetzen, ihre Haare sind struppig und verklebt. Von Sonne und Wind ist ihre Haut dunkelrotbraun gebrannt, durchfurcht von unzähligen feinen und groben Linien. Ein Mann hat böse entzündete, geschwollene und mit Schleim verklebte Augen. Sie tragen Hacken auf den Schultern, die Kinder tragen Kiepen auf dem Rücken, die mit einer Kordel über der Brust festgebunden sind.

Diesmal werden wir nicht vom Rad gezerrt und mit *»guchi guchi«* überfallen. Sie stehen alle in einem Halbkreis um uns herum, scheu und auf Abstand. Schüchtern wagen ein paar Kinder sich näher heran, um unsere Fahrräder zu begutachten. Ein alter Mann paßt auf, daß sie nichts anfassen. Warum sind die Kinder hier nicht so aufdringlich wie sonst, frage ich mich und muß an gestern denken. Ein Hund, dessen Besitzer mich grob angebettelt hatte, ging knurrend auf mich los, und ich mußte ihn mir mit dem Stock vom Leibe halten. Der Tibeter lachte nur und dachte gar nicht daran, das Tier zurückzurufen. Hier dagegen sind die Leute so, wie sie von Reisenden früherer Zeiten begeistert beschrieben wurden: ein Volk, schon fast sagenhaft freundlich und liebenswert, mit viel Sinn für Humor. Was muß mit den Menschen passiert sein, daß sie so geworden sind wie der Mann gestern?

Das alltägliche Leben in Tibet ist hart, es steht diesen Bauern im Gesicht geschrieben. Trotzdem sehen sie ganz und gar nicht verbittert aus. Im Gegenteil, die Frauen wirken auf mich ausgeglichener und zufriedener als viele Frauen zu Hause. Bei der Arbeit auf den Feldern singen sie, und von Streß und Hektik scheinen sie noch nie etwas gehört zu haben. Sie leben geborgen in der Familie, in der Dorfgemeinschaft und im Lauf der Jahreszeiten. Das Leben nehmen sie hin, wie es nun einmal ist, und wo immer sich eine Gelegenheit bietet, Spaß zu haben, nutzen sie sie.

Trotzdem ... wäre ich als Tibeterin auf die Welt gekommen, dann wäre mein Leben hart. Jetzt im Sommer ist es warm, aber die Winter sind lang und bitterkalt, eisige Stürme fegen durch die Dörfer. Das rauhe Klima und das karge, gebirgige Land bestimmen das Leben, die Ernten reichen gerade aus, um nicht hungern zu müssen. An Luxus irgendwelcher Art ist nicht zu denken. Meine Lebenserwartung wäre nicht hoch. Ich könnte sehr wahrscheinlich weder lesen noch schreiben und hätte in meinem Alter sicher schon ein paar Kinder – von denen vielleicht nicht mehr alle am Leben wären. Ich hätte die bitteren Jahre der Kulturrevolution durchmachen müssen, und vom bequemen Leben und den Freiheiten, die für eine europäische Frau selbstverständlich sind, könnte ich nur träumen.

Die scheinbare Idylle einer in den Großstädten verlorengegangenen »heilen Welt« – das ist es, was viele Rucksacktouristen und auch ich auf Reisen in »unberührte« Gegenden der Erde suchen. Eine Welt, in der sich alles noch harmonisch zusammenfügt, jeder seinen Platz findet und die Menschen zufrieden sind. Wie hart solch ein Leben in der »Idylle« sein kann, wird dabei so leicht vergessen.

Wir halten Ausschau nach einem Zeltplatz. Peter hat wieder Fieber, und er und ich wollen hier irgendwo übernachten. Die letzten fünfzig Kilometer bis nach Shigatse werden wir dann morgen hinter uns bringen. Christoph und Clayland, der uns inzwischen eingeholt hat, fahren schon weiter. Es ist gerade erst Nachmittag, bis zum Abend werden sie sicherlich in Shigatse sein.

Es ist ein einsamer Platz, auf dem wir uns niederlassen, kein Dorf ist in der Nähe. Peter legt sich hin, und ich wandere ein wenig am Bach entlang. Plötzlich sehe ich am Ufer einen Mann und eine Frau sitzen, die ein kleines Feuerchen angezündet haben und in einem schwarz verrußten Kessel Tee kochen. Sie winken mich heran und laden mich ein, mich dazuzusetzen. Ich bekomme auch einen Becher Buttertee und teile mit ihnen die paar Kekse, die ich mitgenommen habe. Sie sprechen kaum Chinesisch und Englisch schon gar nicht. Aber soviel verstehe ich: sie sind unterwegs zum Fest in Shigatse. Sie wundern sich, daß ich so plötzlich aus dem Nichts aufgetaucht bin, und sind besorgt. Bin ich etwa ganz alleine hier? Die Frau ist sehr mütterlich, rundlich und gemütlich, legt den Kopf nach hinten, wenn sie lacht, und beguckt und betastet mich neugierig von oben bis unten. Ihr Mann dagegen ist klein und knochig. Er sitzt stumm dabei und läßt seine Gebetskette durch die Finger gleiten. Schließlich verabschieden wir uns voneinander, ich muß langsam wieder zurück zum Zelt. Aber vielleicht treffen wir uns ja in Shigatse wieder.

Peter liegt fiebrig und matt auf seinem Schlafsack, und ich werfe Nudeln und das letzte Fleisch in den Kochtopf. Es schmeckt nicht ganz astrein, aber nach dem Verfallsdatum dürfte es eigentlich noch nicht verdorben sein. Hätten wir doch bloß gehungert, wünsche ich mir dann während der Nacht. Durchfall und Erbrechen halten uns wach, und am Morgen sind wir wie zerschlagen. Doch zumindest hat Peter kein Fieber mehr. Wir hoffen, daß wir es heute bis Shigatse schaffen, da kann Peter seine Krankheit dann in Ruhe auskurieren.

Zum Glück bleibt die Straße in gutem Zustand, so kommen wir einigermaßen rasch vorwärts. Als wir wieder einmal um eine Kurve biegen, sehen wir wie eine Fata Morgana Shigatse vor uns auftauchen.

»Das ist doch nicht möglich!« ruft Peter erstaunt. »Wir können doch nicht schon da sein!«

Doch kein Zweifel, das ist Shigatse und das Kloster Tashilunpo mit seinen goldenen Dächern und roten Mauern, das sich an einem Berghang ausbreitet. Es sieht aus, als wäre die Stadt schon zum Greifen nah. Aber die klare Luft hat uns wieder mal getäuscht, immer wieder unterschätzen wir in Tibet die Entfernungen. »Shigatse – zehn Kilometer«, steht ganz deutlich auf einem Wegweiser, auch wenn wir es nicht glauben können.

Das letzte Stück zieht sich hin wie Gummi, besonders für Peter, der schon wieder Fieber hat. Doch endlich erreichen wir ein weites Tal, die ersten Häuser liegen vor uns, und dann sind wir in der Stadt. Jetzt müssen wir versuchen, ein Zimmer zu bekommen. Wir befürchten, daß wegen des Fests alles voll belegt ist. Es herrscht viel Betrieb in der Stadt, Fußgänger, Radfahrer und Pferdewagen drängen sich aneinander vorbei, Hupen, Geschrei, Motorenknattern und Fahrradklingeln versuchen einander zu übertönen. Etwas außerhalb der Stadt, auf einer Wiese am Fluß, haben Tibeter weiße Baumwollzelte, geschmückt mit großen, blauen Glückssymbolen, aufgeschlagen.

»Im Notfall zelten wir eben einfach da unten«, meint Peter.

Wir radeln am Markt vorbei, und da entdecken wir ein kleines Hotel, das nicht in unserem Reiseführer erwähnt wird. Sicher ist es ganz neu.

»Ich gehe mal fragen«, sage ich, und Peter wartet mit den Rädern draußen. Über eine steile Stiege gelange ich auf eine Art Veranda, alles ist voller Leute.

»Sind hier noch zwei Betten frei?« frage ich.

Der Chef ist nicht da, und sein Stellvertreter ist sich nicht ganz sicher.

»Komm mal mit.«

Wir balancieren an Leuten vorbei, die sich die Haare waschen, in der Sonne liegen, Wäsche flicken, im Schatten sitzen und lesen oder Schach spielen. Ganz oben öffnet er eine Tür, ein winziges Doppelzimmer.

»Das hier ist, glaube ich, noch frei«, sagt er. »Okay?«

Welche Frage, natürlich! Ich laufe wieder nach unten, um Peter zu holen. Im Hof steht Christophs Rad, er ist also auch hier abgestiegen.

Abends, es ist schon spät, sitzen wir gemütlich auf der Veranda. Auch Jutta ist inzwischen angekommen, sie wohnt allerdings in einem anderen Hotel. Peter geht es wieder besser, und wir tauschen gerade mit ein paar Leuten Informationen aus, als es unten im Hof poltert. Eine Reisegruppe, bestehend aus siebzehn Holländern, stolpert herauf.

»Hallo! Wo ist denn der Chef hier? Wir hatten Zimmer reserviert!«

Da kommt er schon, und er sieht nicht gerade begeistert aus. »Zimmer reserviert? Tut mir leid, wir sind schon voll.«

»O nein ...«, stöhnt es im Chor. »Das kann doch wohl nicht wahr sein«, sagt die Reiseleiterin. »Wir hatten doch reserviert! Wir kommen direkt mit dem Bus aus Katmandu, die Leute sind todmüde und höhenkrank, und alles in Shigatse ist voll. Das können Sie uns doch nicht antun!«

Ich kann mir schon denken, wo ihre Zimmer geblieben sind, wenigstens eins davon, aber ich sage lieber nichts. Tensing, der Hotelchef, bleibt gelassen. Er hat schon eine Lösung gefunden – er spannt einfach eine große Plane über die Veranda und legt darunter Matratzen aus. Und irgendwie findet so jeder einen Schlafplatz. Die Nacht ist wolkig und windig, die Sterne sind nur zu sehen, wenn der Wind eine Lücke reißt. Es knistert und raschelt und flüstert noch eine Weile, dann wird es still.

Schlechtes Wetter und dazu noch krank

Auf der Veranda herrscht am Abend dichtes Gedränge. Ich will nach unten gehen, um meine Zähne zu putzen, und schiebe mich an den vielen Menschen vorbei. Heute hält hier ein amerikanischer buddhistischer Mönch eine *lecture*, und viele Interessierte sind gekommen, um zuzuhören. Es ist so eng, daß ich kaum sehen kann, wo ich hintrete.

»Autsch!« Da ist es auch schon passiert – ich habe eine Stufe übersehen, bin mit einem Fuß abgerutscht und weggeknickt. Doch es tut nicht allzu weh, und so nehme ich es nicht ernst.

Khampas in Shigatse

Später im Bett lege ich den Fuß hoch und denke noch mal über den vergangenen Tag nach. Von dem Fest haben wir nur den letzten Tag richtig mitgekriegt. In der Stadt brodelte es von Tibetern, die aus allen Teilen des Landes angereist gekommen waren. Da liefen Nomaden durch die Straßen, Khampas und Städter, sie alle hatten ihre beste Kleidung und ihren ganzen Schmuck angelegt. Mitunter trugen sie ein wahres Vermögen an sich spazieren, den meisten baumelten zumindest einige Ketten um den Hals und silberne Gehänge an den Ohren. Manche hatten ihre Haare in hundertacht dünne Zöpfe geflochten, die heilige buddhistische Zahl. Sie alle waren unterwegs zum Tashilunpo, der Klosterstadt am Rande von Shigatse.

Oberhalb der Klostergebäude ragt im Freien eine große Mauer

Beim großen Fest in Shigatse wird ein riesiger Thangka ausgehängt

auf. Normalerweise bleibt sie kahl, nur während der drei Tage des Festes werden dort riesige Thangkas ausgehängt und der Bevölkerung gezeigt. Thangkas sind buddhistische Rollbilder, meistens mit religiösen Motiven, die in Klöstern, Tempeln und an Hausaltären angebracht werden. In der Regel sind sie nicht besonders groß, aber der Thangka, den ich hier an der Mauer sah, hatte das Format einer Hauswand. Inmitten aufgeregter Tibeter in Festtagsstimmung schob ich mich durch das Eingangstor. Die Klostergebäude blieben während des Festes für Besucher geschlossen, aber auf dem weiten Platz davor waren Zelte aufgebaut, und dort lagerten Familien beim Picknick. Jedes freie Plätzchen war belegt, überall saßen sie auf Decken am Boden, die Thermoskanne mit Buttertee neben sich, und genossen den Rummel.

Bei diesem Fest ereignete sich noch etwas ganz Besonderes: Der Pantschen-Lama kam aus Peking nach Shigatse. Früher war der Pantschen-Lama die zweithöchste Autorität in Tibet, direkt nach dem Dalai-Lama. Manche Tibeter betrachteten die beiden sogar als gleichrangig. Er regierte als religiöses Oberhaupt über die Provinz Tsang, deren Hauptstadt Shigatse war. Oft kam es zu Streitigkeiten und Rivalitäten zwischen den beiden.

Genau wie der Dalai-Lama wird auch der Pantschen-Lama nach seinem Tod in einem Kind wiedergeboren, und das machten sich die Chinesen zunutze. Der neunte Pantschen-Lama starb 1937, doch erst 1950 wurden zwei mögliche Wiedergeburten in Tibet ausfindig gemacht. Zusätzlich hatten auch die Chinesen einen Kandidaten anzubieten, der zwar Tibeter war, aber im »Reich der Mitte« lebte. Sie hinderten die Lamas daran, die Entscheidung durch die üblichen Tests zu treffen, und setzten einfach das Kind, das sie ausgesucht hatten, in das Amt des Pantschen-Lama ein. Er war damals erst zwölf Jahre alt und stand von Anfang an stark unter dem Einfluß der Chinesen. Trotzdem blieb er im Herzen immer Tibeter und versuchte stets, sich für sein Volk bei der chinesischen Regierung zu verwenden. Er wurde in Peking zum offiziellen »Vertreter der tibetischen Minderheit« gemacht – eher ein Marionettenamt –, und was dann genau mit ihm passierte, weiß man nicht. Jedenfalls verschwand er nach 1961 für ein paar Jahre von der Bildfläche, vermutlich mußte er Umerziehung und Gehirnwäsche über sich ergehen lassen. Obwohl er mit den Chinesen zusammenarbeitete, hatte er sich im Rahmen seiner beschränkten Möglichkeiten immer dafür eingesetzt, bessere Lebensbedingungen für die Tibeter zu erreichen. Er besaß das Vertrauen beider Seiten, und als er im Frühjahr 1989 starb, verlor Tibet einen wichtigen Vermittler.

Der Lärm draußen läßt mich lange nicht einschlafen. Mitten in der Nacht schrecke ich aus unruhigen Träumen auf. Ich bin naßgeschwitzt, und mein Fuß tut mit einem Mal höllisch weh. Ich weiß nicht, wie ich ihn legen soll, er schmerzt rasend. Mein erster Gedanke ist: Hoffentlich ist er nicht gebrochen! Und im nächsten Moment: Auch wenn er nur verstaucht ist, radfahren kann ich die nächste Zeit nicht.

Das versetzt mir einen richtigen Schlag. Soll die Reise hier wegen einer einzigen kleinen Stufe etwa schon zu Ende sein? Bloß nicht! Ich heule vor Wut und Schmerz. So plötzlich kann alles aus sein! Schlafen kann ich jetzt nicht mehr, und auch Peter ist aufgewacht.

»Zum Glück ist es in Shigatse passiert«, meint er. »Hier gibt es wenigstens ein Krankenhaus. Morgen früh gehen wir gleich hin. Vielleicht ist es ja gar nicht so schlimm.«

Endlich, nach einer langen Nacht, in der ich alle fünf Minuten auf die Uhr gesehen und mich herumgewälzt habe, dämmert der Morgen. Draußen rumoren schon die ersten Frühaufsteher herum. Es dauert nicht lange, da kommt auch Christoph. Eigentlich hatten wir vorgehabt, heute erst Jutta in ihrem Hotel abzuholen und dann weiterzufahren.

»Na, habt ihr schon alles gepackt?« ruft er fröhlich. Als er erfährt, was passiert ist, macht er ein langes Gesicht.

Tensing organisiert einen Jeep, der mich ins Krankenhaus bringt. Wir halten vor einem trostlosen Betonbau. Ein paar kümmerliche Stiefmütterchen an der Einfahrt sollen wohl die Patienten etwas aufmuntern. Neugierige Blicke folgen mir, als ich zum Eingang humpele. In der Halle stehen Tibeter Schlange, sie drängeln sich vor der Anmeldung. Die Leute starren uns mit großen Augen an, und wir werden vorgelassen. Alles hier sieht ein bißchen verkommen aus, auf dem Boden liegt Abfall, und eine Fensterscheibe ist zerbrochen.

Der Arzt im Untersuchungszimmer ist Chinese. Er begrüßt mich nuschelnd, im Mundwinkel hängt ihm eine Zigarette, die er auch beim Sprechen nicht herausnimmt. Seinem Grunzen entnehme ich, daß er meinen Fuß sehen will. Er tastet ihn ab und meint dann: »Röntgen können wir hier nicht, aber das ist auch nicht nötig. Gebrochen ist jedenfalls nichts.«

Erleichtert atme ich auf. Das ist ja immerhin schon mal was. Von dem, was er nun sagt, verstehe ich nicht viel. Irgend etwas ist mit einem Muskel. »Das wird mindestens zehn Tage dauern.«

»Zehn Tage?«

»In der Zeit nicht herumlaufen, und jeden Tag zur Wärmebestrahlung kommen. Auf Wiedersehen.«

Eine schöne Bescherung! Aber nicht zu ändern.

Christoph und Jutta haben nicht genug Zeit, um noch länger zu warten, sie wollen morgen ohne uns weiterfahren. Peter und ich werden die zehn Tage in Shigatse abwarten.

Heute ist Christophs Geburtstag, und abends kochen wir aus frischem Gemüse vom Markt ein Geburtstagsessen. Die Stimmung ist gedrückt, schließlich ist es auch ein Abschiedsessen. In der letzten Zeit sind wir gute Freunde geworden, und es ist traurig, daß wir nicht zusammen weiterreisen können. Besonders die letzte Woche war sehr schön. Sonst habe ich mit Reisen zu dritt keine guten Erfahrungen gemacht, da kommt sich leicht einer »zuviel« vor. Aber die letzte Woche war außergewöhnlich harmonisch, alles hat gestimmt. Jeder hat dem anderen seine Freiheiten und Eigenheiten gelassen, und trotzdem war es eine gute Gemeinschaft. Und jetzt – ganz plötzlich und unerwartet – ist dies unser letzter Abend zusammen.

Während der nächsten Woche kann ich kaum ein paar Schritte humpeln, und Peter bringt mich jeden Tag auf dem Fahrradgepäckträger ins Krankenhaus. Dort wird der Muskel wärmebestrahlt, aber selbst die Schwestern sind nicht so recht vom Erfolg überzeugt.

»Der Arzt will doch nur dein Geld«, sagt eine von ihnen und beugt sich verschwörerisch zu mir herunter. »Wenn du deinen Fuß gut ausruhst, dann heilt er von selbst genauso schnell. An deiner Stelle würde ich gar nicht mehr kommen.«

Die anderen vier Schwestern, die im Halbkreis um mich herum stehen – Personalmangel scheint es hier jedenfalls nicht zu geben –, pflichten ihr bei. Ich sage, ich werde es mir überlegen, und dann frage ich, wer von ihnen wohl Tibeterin und wer Chinesin ist.

»Rate mal!«

»Hm . . .« Tibeter haben meist eine dunkle Hautfarbe und oft auffallend rote Wangen, und sie sind kräftig gebaut. So sehen sie alle aus.

»Keine von euch ist Chinesin.«

»Falsch geraten!« rufen sie und lachen. »Nur drei von uns kommen aus Tibet.« Durch den jahrelangen Aufenthalt im rauhen Hochlandklima haben die beiden anderen sich – zumindest äußerlich – schon angeglichen.

Ein noch ganz junger Mönch

»Bist du eigentlich verheiratet? Hast du Kinder?« fragen sie mich und meinen dann, mit fünfundzwanzig wäre es zwar schon ein bißchen spät, aber ich solle die Hoffnung nicht aufgeben. Die Vorstellung, womöglich unverheiratet zu bleiben, ist schrecklich für sie. Das ist keine Alternative, sondern eine Strafe.

»Wie ist das denn eigentlich hier? Gibt es auch Ehen zwischen Chinesen und Tibetern?«

»Selten. Da sind zu viele Verschiedenheiten, und es entstehen nur Probleme. Wenn eine Tibeterin einen Chinesen heiratet, dann wird sie von niemandem richtig anerkannt, gehört nirgendwo mehr richtig dazu. Ja, leider gibt es hier viel mehr Haß als Freundschaft zwischen den Han« – so nennen die Chinesen sich selbst – »und uns.«

Kurz darauf haben Peter und ich ein Erlebnis, das mir ihre Worte wieder ins Gedächtnis ruft. Wir spazieren durch die Stadt, ich will meinen Fuß etwas trainieren, und Peter hat vor, sich die Haare schneiden zu lassen. Der Frisiersalon, den wir betreten, ist niedrig und eng. An den Wänden hängen Schwarzweißfotos von ondulierten, dauergewellten, retuschierten Schönheiten, zwei gepolsterte Stühle warten auf Kundschaft. Der Maestro, ein junger Chinese mit einem Kindergesicht und einer stoppeligen Igelfrisur, bittet uns, Platz zu nehmen. In aller Eile kehrt er eine Schaufel voll Haare vom Boden, dann ist Peter an der Reihe. Er arbeitet schnell. Gerade ist er mit den letzten Korrekturen beschäftigt, da öffnet sich die Tür, und ein alter Tibeter, der sich humpelnd auf einen Stock stützt, kommt herein. Ächzend setzt er sich neben mich und beginnt, in einer der herumliegenden Zeitschriften zu blättern.

»Haare schneiden?« fragt der Junge in nicht gerade freundlichem Ton und zieht die Augenbrauen zusammen.

Der alte Mann, der anscheinend irgendwo sitzen und lesen will, läßt sich nicht stören und blättert ungerührt weiter.

»Das ist keine Bibliothek hier!« Der Friseur ist unsicher und hilflos gegenüber der Situation und wird aggressiv. »Du hast hier nichts zu suchen!« sagt er scharf und packt den alten Mann am Kragen.

»Ihr Scheißchinesen!« zetert der und reißt sich los. »Immer denkt ihr, ihr seid was Besseres!« Schimpfend verläßt er den Salon, und sein Stock klackt wütend aufs Pflaster, als er die Straße hinunterhinkt.

Die zehn Tage sind vorbei, noch ein paar letzte Vorbereitungen, dann können wir morgen aufbrechen. Beim Radfahren wird der verletzte Muskel kaum beansprucht, und wenn wir uns für die nächsten Tage nicht zuviel vornehmen, wird es sicher gehen. Hinter Shigatse werden wir längere Zeit auf keinen größeren Ort treffen, und so stopfen wir unsere Packtaschen voll mit Nudeln und Fleischkonserven.

Wir verlassen die Stadt in südwestlicher Richtung, und ich bin froh, daß ich die Radtour nun doch noch fortsetzen kann. Zwischen Lhasa und Shigatse hatte ich eine gute Kondition aufgebaut, aber jetzt merke ich schon bald, daß ich durch das lange Stillsitzen alles wieder verloren habe. Nach wenigen Kilometern bereits fange ich an zu schnaufen.

Seit einiger Zeit ist das Wetter zögernd dabei, schlechter zu werden. Zwar schien tagsüber noch die Sonne, aber nachts gingen regelmäßig Schauer nieder. Jetzt scheinen selbst die sonnigen Tage vorbei zu sein, es ist schon Mittag und immer noch bewölkt. Es will nicht richtig warm werden, die Wolken ballen sich dichter zusammen, und dann fallen auch schon die ersten Tropfen.

»Sollen wir das Zelt aufbauen?« überlegt Peter. »Andererseits ist es noch sehr früh . . .«

»Aber es sieht nicht so aus, als würde das nur ein kurzer Schauer. Laß uns mal lieber abpacken.«

Keine Minute zu früh! Der leichte Regen geht über in wütendes Pladdern. Wir liegen im Zelt, und eigentlich bin ich ganz froh, daß ich ausruhen kann, aber – wir sind heute nur ganze dreizehn Kilometer weit gekommen.

Gegen Abend klart es etwas auf, und wir packen Nudeln und eine Konservendose aus. Nachdem Christoph mit seinem Kocher weitergefahren war, mußten wir selbst etwas organisieren. Das einzige, was wir in Shigatse auftreiben konnten, war ein indischer Kerosinkocher, groß und schwer. Aber er brennt gut, und das ist die Hauptsache.

»Bis jetzt ist das Zelt dicht geblieben«, sage ich hoffnungsvoll.

»Heute nacht wird es sicher noch mehr Regen geben«, meint Peter und blickt prüfend zum Himmel.

Es regnet nicht mehr, über uns hängen nur noch harmlos aussehende hohe, weiße Wolkenschleier, doch am Horizont braut sich wieder etwas zusammen. Dort ist der Himmel schon ganz schwarz, es grollt dumpf über den Bergen, und das Unwetter kommt rasch näher. Lange kann es nicht mehr dauern, bis es uns erreicht. Kaum haben wir gegessen und alles im Zelt verstaut, als das Inferno auch schon losbricht. Erst pfeift, heult und orgelt der Wind, dann blitzt es grellweiß, und direkt hinterher kracht ohrenbetäubender Donner. Dann hält der Sturm den Atem an, eine gespannte, unnatürliche Stille, bis urplötzlich gewaltige Wassermassen auf uns herunterstürzen. Wie eine Riesenfaust drücken der wieder aufs neue tobende Wind und der Regen auf unser kleines Zelt. Das Gewitter steht direkt über uns. Der Gebirgsdonner scheint die Erde erzittern zu lassen, und wir verkriechen uns in die Schlafsäcke und hoffen bloß, daß das Unwetter bald weiterziehen wird.

Doch dies war erst der Anfang. Neun Stunden lang wüten Sturm und Regen, die ganze Nacht hindurch, und dem ist das Zelt nicht gewachsen. Langsam aber sicher sickert Wasser durch, hinten, am Eingang, überall. Mit Handtüchern, Bechern und dem Kochtopf versuchen wir, die herablaufenden kleinen Bäche aufzufangen, aber nicht sehr erfolgreich. Alles, wirklich alles wird naß. Zu guter Letzt bilden sich richtige Pfützen in unseren Schlafsäcken, und wir warten nur noch sehnsüchtig auf den Tagesanbruch, auf die warme Sonne. Das alles wäre eigentlich schon schlimm genug, aber zu allem Unglück habe ich ausgerechnet diese Nacht wieder mal starken Durchfall, andauernd muß ich in den Regen hinaus. Ob ich etwas Schlechtes gegessen habe? – Später, in Katmandu, finden wir heraus, daß es Gia-Dia ist, eine tückiche Durchfallkrankheit. Sie kommt und geht, aber nie verschwindet sie ganz.

Als der Morgen dämmert, bin ich vollkommen erledigt. Alles im Zelt schwimmt in Wasserlachen, und da die Sonne sich nicht heraustraut, ist die Luft noch sehr kalt. Aber wenigstens regnet es nicht mehr. Frierend und mit klappernden Zähnen breiten wir Schlafsäcke und Kleidung im Freien aus. Mit klammen Fingern kocht Peter Kaffee. Dann, endlich, kann ich die Hände um die heiße Tasse legen und in kleinen Schlucken trinken. Das tut gut! Doch bald ist die Wirkung des Kaffees wieder verflogen. Immer noch hält der Himmel sich bedeckt, die Luft ist feucht. So werden die Sachen niemals trocken. Und ich fühle mich nach wie vor krank und elend. Shigatse liegt nur dreizehn Kilometer zurück, und der Gedanke an ein Dach über dem Kopf und an ein warmes Bett ist zu verführerisch.

»Fahren wir wieder zurück, lassen in Ruhe alles trocknen und starten dann von vorn«, schlage ich vor. »Die dreizehn Kilometer schaffen wir morgen schnell wieder.«

»Spinnst du?« Schon sind wir mitten im schönsten Streit. »Wir waren zehn ganze Tage lang in Shigatse! Außerdem – sobald die Sonne rauskommt, ist alles sofort trocken.«

Jeder fühlt sich im Recht, und keiner will nachgeben. Da – wer hätte das noch für möglich gehalten – reißt die Wolkendecke auf, ein erster zaghafter Lichtstrahl tastet sich hindurch, und dann, mit einem Mal, ist die Welt wieder warm und hell. Feiner Dampf steigt von der Erde auf, und es dauert gar nicht lange, da ist tatsächlich alles getrocknet. Keine Frage mehr, wir fahren weiter.

Die Landschaft um uns sieht alles andere als einladend aus, kahl und braun, trotz des Regens nur ein wenig vertrocknetes Grün. Schon lange sind wir an keinem Bach oder Fluß mehr vorbeigekommen, und unser Wasservorrat geht zur Neige. Weit entfernt von der Straße, in Richtung auf die Berge zu, kann ich grüne Bäume und Häuser erkennen, also muß es dort Wasser geben. Doch schon ergibt sich etwas anderes, an der Straße ist ein kleines Zeltlager aufgebaut.

»Vielleicht können wir hier Trinkwasser bekommen!«

Unsere Räder sind noch nicht ganz ausgerollt, als auch schon ein Tibeter auftaucht und uns zum Tee einlädt. Im Zelt sitzen ein paar Männer, Straßenarbeiter, wie sie uns erzählen, bei der Mittagspause. Sie trinken *tschang* – ein tibetisches Gerstenbier – und essen frisch gebackene Brotfladen dazu. Von innen sieht das Zelt fast aus wie ein richtiges Haus. Entlang der Wände sind Feldbetten aufgestellt, die Männer sitzen auf schweren, schwarzen Wollmatten um eine Holzkiste herum und spielen Karten. Gegenüber vom Eingang haben sie einen kleinen Altar aufgebaut, er besteht ganz einfach aus einem Buddhabild und einer kleinen Butterlampe.

»Möchtet ihr etwas *tschang*? Hier, probiert mal!« sagt einer. Aus einem rostigen Kanister schöpft er mit einer Blechdose eine trübe Brühe in unsere Becher, auf deren Boden sich etwas Sandiges absetzt. Es schmeckt erfrischend.

Nur einer der Männer spricht etwas Chinesisch. Er erzählt, daß er aus einem weit entfernten Dorf stammt und in die Stadt gegangen ist, um dort sein Glück zu versuchen. Da hat er dann den Job als Straßenarbeiter bekommen. Doch er hat oft Heimweh, und sobald er etwas gespart hat, will er wieder in sein Dorf zurück.

Ich gebe ihm eins der beiden Dalai-Lama-Bilder, die wir noch haben. Er betrachtet es ehrfürchtig, drückt es an seine Stirn und steckt es dann an den kleinen Altar. Bevor wir wieder aufbrechen, füllt er noch unseren Kanister mit Trinkwasser, und zum Abschied stellen sich alle am Straßenrand auf und winken uns hinterher.

Es geht mir heute noch immer nicht besser, und wir kommen nicht sehr viel weiter. Schon bald schlagen wir das Zelt auf. Der Platz ist zwar nicht ideal, aber in einiger Entfernung gibt es zumindest einen Bach. Erschöpft lasse ich mich auf meinen Schlafsack fallen. Peter geht spazieren, um die Gegend zu erkunden. Fast bin ich eingeschlafen, als ich Stimmen vor dem Zelt höre. Dann wird von draußen der Reißverschluß aufgerissen. Zwei Tibeter stecken ihre Köpfe herein. Sie sind extrem aufdringlich, fassen alles an und beginnen um Geld zu betteln. Einer sagt: »*Hey, fucking*« und grinst. Ich bin so müde und kaputt, daß mir gar nicht richtig aufgeht, wie gefährlich die Situation werden könnte. Ich sage ihnen, sie sollen abhauen, und merkwürdigerweise tun sie das auch. Sie sehen mich erstaunt an, grinsen noch mal und verziehen sich dann. Erst an meiner Erleichterung merke ich, daß ich doch Angst gehabt habe.

Das schlechte Wetter hält an, und während der folgenden Tage zwingt es uns seinen Rhythmus auf. Nachts regnet es fast immer, manchmal so stark, daß Schlafsäcke und Kleidung vollkommen durchnäßt sind. Dann müssen wir morgens erst auf die Sonne warten und alles trocknen lassen, bevor wir aufbrechen können. Wir kommen also erst sehr spät weg. Gegen Nachmittag fängt es dann meistens wieder an zu nieseln, und wir müssen schnell einen Zeltplatz finden, bevor der Regen richtig losgeht.

Nach drei Tagen fühle ich mich wieder fast gesund, dafür hat es jetzt Peter erwischt. Die folgenden Wochen ist immer abwechselnd mal der eine, mal der andere krank, und so machen wir keine großen Fortschritte. Für die ersten hundertfünfzig Kilometer hinter Shigatse brauchen wir eine volle Woche!

Oft sind durch die starken Regenfälle kleine Bäche über ihre Ufer getreten, verwandeln sich in weit verästelte Ströme und überfluten die Straße. Es kommt vor, daß es gar nichts mehr gibt, was man als »Straße« bezeichnen könnte, nur ein Geflecht von Flußarmen, durch das wir uns kreuz und quer unseren Weg suchen müssen. Wenn das Wasser tief ist, bleibt uns nichts anderes übrig, als Schuhe und Strümpfe auszuziehen, die Hose hochzukrempeln und durchzuwaten. Mitunter ist die Strömung so reißend, daß ich mich mit aller Kraft dagegenstemmen muß, damit mir das Fahrrad nicht aus der Hand gerissen wird. Abgesehen von den Überflutungen ist die Straße auch sonst nur schwer befahrbar. Sie wird immer wieder von herabgestürzten Geröllbrocken blockiert, und wir müssen uns unseren Weg zwischen Steinen, Matsch und Wasserläufen bahnen.

Sobald wir dann unser Zelt aufschlagen und uns, geschwächt von Gia-Dia, ausruhen wollen, werden wir von neugierigen Tibetern belagert. Meistens sind sie freundlich, nur wollen sie eben alles angucken und anfassen und mit uns reden. Es ist so, wie ich es mir in Lhasa erhofft hatte, als wir die Radtour planten – jeden Tag haben wir die Möglichkeit, Tibeter kennenzulernen. Aber jetzt sind wir zu kaputt dafür, wir wollen nichts weiter, als eine Stunde ausruhen, nichts hören und sehen. Doch das ist unmöglich. Für uns gibt es keine Minute Privatleben mehr. In der Regel läuft es so ab: Wir suchen uns einen Lagerplatz und fangen dann an, die Räder abzuladen und das Zelt aufzubauen. Schon eilen die ersten Tibeter herbei, die uns gesichtet haben, und schnell werden es mehr, sobald sich herumgesprochen hat, daß da zwei Ausländer lagern. Sie beobachten neugierig jede unserer Bewegungen, befühlen interessiert unser Zelt, und wenn wir noch munter sind, versuchen wir, uns ein bißchen mit ihnen zu unterhalten. Dann wollen wir uns ausruhen und verziehen uns ins Zelt. Das finden die Tibeter besonders spannend – ein Peep-Show-Effekt. Sie machen sich einen Spaß daraus, sich auf den Bauch zu legen und unter der Zeltplane hereinzublinzeln. Vor dem Zelt wartet schon eine ungeduldige Schlange und beschwert sich, wenn einer zu lange guckt. An Ausruhen ist da nicht zu denken. Wenn wir aus lauter Verzweiflung Grimassen schneiden, werfen sie vor Begeisterung fast das Zelt um.

Nach mehreren Nächten im durchweichten Schlafsack sind wir inzwischen ziemlich gereizt und nicht mehr so geduldig wie anfangs, als wir alles mehr von der komischen Seite betrachteten. Und eines Tages kommt es zu einem unangenehmen Erlebnis. Es ist

Nach starken Regenfällen wird die Straße immer wieder von ausgeufer-ten Bächen überschwemmt

Nachmittag, es beginnt zu nieseln, und wir schlagen unser Zelt auf. Gegenüber liegt ein Dorf, und schon nach kürzester Zeit sind wir umringt von einer Schar Kinder, alles Jungen. Einer von ihnen, er ist vielleicht zwölf Jahre alt, tut sich besonders hervor. Sein »*Guchi guchi*« läßt nicht locker, er klammert sich an mich, will Dalai-Lama-Fotos, die Wasserflasche, Bonbons. Johlend springen seine Freunde um uns herum. Sie sind zerlumpt, ihre Haare verfilzt, den Kleineren hängt gelbgrün der Rotz unter der Nase. Das ganze Dorf sieht armselig aus, die Häuser sind bröckelig, schmuddelig, das Land in der Umgebung karg und steinig.

Der Regen wird stärker, und wir kriechen ins Zelt. Den Kindern scheint das Wetter nichts auszumachen. Drei von ihnen liegen bäuchlings vor dem Zelt, und einer streckt seinen Arm herein: »*Guchi guchi!*« Als auch das erfolglos bleibt, gehen sie zu einer anderen Taktik über. Sie ziehen sich hinter einen Felsvorsprung zurück und bewerfen von da aus das Zelt mit Steinen. Wumm! – ein dicker Brocken klatscht nur knapp neben meinem Kopf aufs Dach. Das ist zuviel, wir laufen nach draußen. Peter hat seit Shigatse als Schutz gegen die Hunde einen Regenschirm dabei, den ihm ein Tourist überlassen hat, und damit rennt er jetzt den Kindern hinterher, die schreiend auseinanderstieben und kreischen, als würden sie am Spieß stecken. Einen Jungen, der noch zwei Steine in der Hand hält, erwischt er am Kragen. Sein Gebrüll hört sich an, als würde er gelyncht, und die anderen Kinder stimmen in das Geschrei mit ein, bis Peter ihn losläßt. Neugierig verfolgen einige Erwachsene das Geschehen, greifen aber nicht ein. Sie sehen uns noch nicht mal böse an. Wir erwarten, daß die Jungen einen Racheplan aushecken, aber nichts geschieht. Sie streichen nur in sicherem Abstand um das Zelt herum. Am anderen Morgen kommen dann ein paar Erwachsene vorbei, sie lachen freundlich und scheinen es uns nicht übelzunehmen.

Der erste Blick auf die Berggiganten des Himalaya

Wieder einmal müssen wir einen Paß hinauf, den Tsuo-La. Er ist nicht allzu hoch, 4500 Meter, aber das Schieben fällt uns schwer. Zum Glück klart es etwas auf, und wir müssen nicht durch den Regen laufen. Wenn wir erst einmal oben sind, dann geht es vierzig Kilometer bergab! Mit diesem Gedanken im Kopf kämpfe ich mich die Serpentinen hoch. Als wir die Gebetsfahnen und Gipfelsteine erreichen, ist es schon spät. Peter fühlt sich nicht gut, und so übernachten wir kurz hinter der Paßhöhe.

Dann endlich geht es hinab nach Lhaze, erholsam, entweder leicht bergab oder flach, das Rad fährt wie von selbst. Lhaze besteht aus einem tibetischen Ortsteil, einer »Chinatown« und einem Truck-Stop. Im Restaurant bekommen wir Gemüse, Eier und Reis, eine willkommene Abwechslung nach den ewigen Nudeln mit Dosenfleisch. Mitten im Ort sind ein paar vereinzelte Marktstände aufgebaut. Hier wollen wir einmal unsere Vorräte auffrischen, aber wir sind auch auf der Suche nach Fahrradersatzteilen. Vor einigen Tagen wartete morgens, als wir abfahren wollten, eine unangenehme Überraschung auf uns. Die Räder schließen wir zwar immer vor dem Zelt zusammen, damit sie nicht gestohlen werden, aber Einzelteile kann man eben doch losdrehen. Irgend jemand hatte mehrere Schrauben und einen Bremsblock mitgehen lassen. Zum Glück war er so rücksichtsvoll und hat keine tragenden Schrauben genommen und sich auf nur einen Bremsblock beschränkt. So konnten wir uns noch mit Schnur helfen. Doch sosehr wir auch suchen, in ganz Lhaze sind keine Ersatzteile aufzutreiben.

Am nächsten Tag klettert die Straße hinter den letzten Häusern schon bald wieder einen Paß hinauf, den Lakpa-La. Seine Höhe schwankt nach unterschiedlichen Angaben zwischen 5220 und 5250 Metern. Auf jeden Fall werden wir viel schieben müssen. Zunächst geht es nur leicht bergauf, neben der Straße liegen noch Dörfer und grüne Felder. Dann wird es steil, und wir steigen ab. Blinzelnd wagt die Sonne sich heraus und läßt die feuchten Felsen glitzern. Noch weit unterhalb der Paßhöhe zelten wir dann schließlich auf einer steinigen Wiese. Doch auch am folgenden Tag schaffen wir es nicht bis ganz nach oben. Die Straße erscheint hier auf den ersten Blick überhaupt nicht steil, sie hat keine Serpentinen und folgt gemächlich einem kleinen Bach. Aber das täuscht, und wir drücken die Räder nur mit großer Kraftanstrengung vorwärts. Ungefähr alle zwei Kilometer müssen wir erschöpft eine Pause einlegen.

Die Straße zieht sich hinauf durch ein idyllisches Hochland, hier umgibt uns nicht nur totes Gestein wie an den anderen Pässen. Der Bach plätschert zum Tal hinab, an seinem Ufer wachsen Gras und kleine gelbe Blumen. Je höher wir kommen, um so mehr werden sie von anspruchslosen Moosen verdrängt.

Peter geht es ziemlich schlecht, und gegen Nachmittag beschließen wir, noch einmal unterhalb der Paßhöhe zu übernachten. Ganz plötzlich ziehen dicke, dunkle Wolkentürme auf, und es beginnt zu stürmen. Noch regnet es nicht, aber die Luft ist bleiern und schwer. Wir beeilen uns mit dem Zeltaufbau, doch der Regenguß ist schneller. Das Zelt steht schief auf großen Steinbrocken, und da wir keine Iso-Matten haben, verbringen wir eine besonders unangenehme Nacht. Außerdem habe ich jetzt auch Schwierigkeiten mit der Höhe, immerhin lagern wir hier auf ungefähr 5000 Meter. Kopfschmerzen plagen mich, und immer wieder habe ich das beklemmende Gefühl, nicht richtig atmen zu können.

Im Morgengrauen dann setze ich mich vors Zelt. Es ist kalt und feucht, Nebelschwaden kleben an den Berggipfeln und auf der steinigen Wiese. Heute nacht hat es kaum geregnet, und jetzt schiebt die Sonne langsam Wolken und Nebel beiseite. Kleine Nagetiere – sie sehen aus wie eine Art Murmeltiere – wagen sich aus ihren Löchern heraus. Sie lassen mich ganz nah herankommen, bevor sie sich wieder in ihren Bau flüchten. Auch viele Vögel gibt es hier, sie sind so zahm, daß sie bis an meine Füße hüpfen, wenn ich nur lange genug stillsitze.

Während der letzten Tage hatte ich manchmal daran gezweifelt, ob diese Radtour wirklich eine so gute Idee war. Von der Landschaft, den Bergen um uns her, habe ich kaum etwas gesehen, alles lag verborgen hinter Wolken und Regenschleiern. Immer wieder aufs neue wurden wir vollkommen durchnäßt, war alles klamm und feucht, fühlten wir uns krank und zerschlagen. Aber wenn die Sonne dann doch einmal die Wolken vertrieb und blitzartig schneebedeckte, wilde Bergketten wie ein Geheimnis enthüllte, waren alle Zweifel vergessen.

Peter sieht erschöpft aus, aber bis zur Paßhöhe kann es nun ja nicht mehr weit sein. Die letzten Kilometer sind besonders anstrengend, der aufkommende Wind ist beißend und kalt. Ich trage Daunenjacke, Wollsocken, Schal und Handschuhe – im Hochsommer! –, doch sobald der Wind nachläßt und die Sonne durchkommt, wird es so warm, daß ich im Badeanzug laufen könnte. Der fehlende Sauerstoff hier oben schlaucht. Alle paar Schritte muß ich anhalten, die Hände auf die Oberschenkel stützen und keuchend nach Luft schnappen.

Dann, endlich, tauchen die bunten Gebetsfahnen auf, die über der Paßhöhe wehen. Ich bin oben! Und wie immer ist es wunderbar. Ohne Übergang breitet sich auf einmal das ganze grandiose Bergpanorama vor mir aus, eine lange Reihe Bergriesen, bedeckt mit weißen Kappen aus Eis und Schnee und düster umhüllt von schwarzen Wolkenfetzen. Weit entfernt ragt es auf wie eine schwarze Wand, dort fallen streifige Regenschauer. Hier dagegen taucht die Sonne alles in goldenes Licht.

»Lange kann es nicht mehr dauern, der Wind kommt von dort drüben!« meint Peter.

Einen Augenblick noch bleiben wir sitzen, wir können uns nicht trennen von der phantastischen Szenerie, dann steigen wir wieder auf und rollen bergab. Bis Shegar (Xin Dingri), dem nächsten größeren Ort, sind es noch rund fünfzig Kilometer. Schon hängen drohende schwarze Gewitterwolken tief über uns, warnend grollt der Donner. Wenn möglich, wollen wir heute noch den Ort erreichen, dort bekommen wir im Truck-Stop sicher ein Bett und ein festes Dach über dem Kopf. Ich bin todmüde und kann kaum noch die Augen offenhalten. Apathisch lasse ich mich bergab rollen, nur selten muß ich in die Pedale treten. Jeden Moment erwarte ich, daß das Unwetter losbricht, doch es wartet tatsächlich noch, bis wir in

Shegar angekommen sind. Das heißt, wir übernachten gar nicht in Shegar selbst, der Ort liegt sieben Kilometer von der Straße entfernt. Wir bleiben im Truck-Stop, direkt am Weg, den wir am späten Nachmittag erreichen.

Zusammen mit zwei Amerikanern sitzen wir auf den Treppenstufen vor dem Restaurant und warten darauf, daß es etwas zu essen gibt. Die beiden wollen von hier aus nach Rongbuk, zum Fuß des Mount Everest, ein Abstecher von etwa hundert Kilometern.

»Das hört sich ja interessant an!«

»Könnten wir auch versuchen . . .«

Doch wegen des anhaltend schlechten Wetters und unserer schwindenden Vorräte – man kann dort nichts nachkaufen – entscheiden wir uns, statt dessen vielleicht die Alternativroute zum Everest zu versuchen. Sie geht von Tinggri (Dingri) aus los, dem nächsten Ort an der Straße, sechzig Kilometer weiter.

Beim Erzählen wird uns die Zeit nicht lang, aber wir warten nun schon geschlagene zwei Stunden. Immer wieder werden wir vom Koch vertröstet: »Nur noch eine Minute!«, dann rollt endlich ein Bus in den Truck-Stop. Heraus steigt eine müde Gruppe Touristen. Kaum haben sie sich im Restaurant niedergelassen, als auch schon jemand beginnt, Essen auszuteilen. Endlich! Wir sind bereits halb verhungert und zücken erwartungsvoll unsere Eßstäbchen. Doch dann machen wir lange Gesichter. Der Koch hat sich verschätzt und nicht genug vorbereitet. Jeder bekommt nicht mehr als einen winzigen Unterteller mit Glasnudeln und dazu zwei kleine, trockene *man tou*, Dampfbrötchen.

»Mehr haben wir nicht, tut uns leid!« ruft der Koch herüber, während wir frustriert die *man tou* hinunterschlingen.

Die ganze Nacht gewittert es, der Regen trommelt über unseren Köpfen aufs Blechdach. Wir wollen einen Rasttag einlegen und stehen erst spät auf, faulenzen herum, lesen, flicken ein paar Sachen. Gegen Abend dann entschließen wir uns, doch noch die paar Kilometer nach Shegar hinauszufahren.

Über dem Ort, auf einem Felsen, können wir noch die verfallenen Ruinen eines Klosters und eines alten Forts ausmachen. Sie sind schon so stark verwittert, daß sie von weitem wie große, spitzige Steinbrocken aussehen.

Der hauptsächliche Grund jedoch, weswegen wir hier herausgefahren sind, sind nicht diese Ruinen, sondern – es ist das große Touristenhotel von Shegar. Vielleicht gibt es hier gutes Essen... Doch daraus wird leider nichts, das Restaurant ist heute geschlossen. Der Wind peitscht uns eisigen Regen ins Gesicht, und wir haben keine Lust mehr, noch zu den Ruinen hinaufzuklettern. Enttäuscht und mit knurrendem Magen radeln wir zurück und kochen uns im Truck-Stop – zum x-ten Mal – Nudeln mit Dosenfleisch.

Von Shegar bis nach Tinggri sind wir zwei Tage lang unterwegs. Es gibt zwar keinen hohen Paß mehr zwischen den beiden Orten, aber wir müssen uns viele kleine Steigungen hinauf quälen.

Auf halber Strecke übernachten wir. Der Platz, auf dem wir unser Zelt aufschlagen, ist öde, nur ein paar besonders zähe Grasbüschel haben sich zwischen den Steinen hindurchgekämpft. Vor uns windet sich der Strom, lehmig braun und schäumend, durch das weite Flußtal. Die Gegend wirkt trostlos, unbewohnt. Das letzte Dorf haben wir schon vor einer ganzen Zeit hinter uns gelassen.

Mit den Kanistern gehe ich hinter zum Fluß, um Wasser zu holen. Peter baut inzwischen den Kocher auf. Das Wasser ist voller Sand, und ich suche vergeblich nach einer ruhigen Stelle, wo er sich schon etwas abgesetzt hat. Das Wasser keimtötend abzukochen, ist hier oben ein Problem, denn in dieser großen Höhe kocht es schon bei sechzig Grad.

Da kommen ein paar Jungen die Felsen heruntergehüpft. Es ist früher Abend, der Wind bläst schon sehr kalt. Trotzdem trägt eins der Kinder nichts weiter als eine löchrige Hose und einen winzigen Fetzen, der wohl früher mal ein Hemd war. Er ist barfuß und schlottert vor Kälte. Die anderen sind auch nicht viel wärmer gekleidet. Am liebsten würde ich dem Jungen meinen Pullover geben, aber ich habe nur einen. Sie sitzen im Halbkreis um uns herum und schauen uns mit großen Augen an, stubsen sich in die Seite und kichern.

Das Wasser hat inzwischen lange genug gekocht, wir gießen uns

Wie ein Magnet zieht unser Zelt von nah und fern neugierige Tibeter an

Tee ein, geben den Kindern von unseren 761-Keksen, den Armee-Keksen, die wir in Shigatse entdeckt haben. Sie sind schrecklich schwer, aber nur drei Stück decken den Tagesbedarf an Fett, Zucker und Eiweiß.

Nachts fange ich jetzt schon an, von Essen zu träumen, von frischem Obst und Gemüse. Die Fleischkonserven, die schon immer aussahen wie Hundefutter, schmecken von Tag zu Tag schauderhafter.

Anfangs, als wir in Lhasa losgefahren waren, haben wir uns Gedanken darüber gemacht, wo wir die leeren Konservenbüchsen lassen sollen. Mülleimer gibt es nirgendwo. Mitschleppen? Oder besser vergraben? Doch das Problem stellte sich dann gar nicht – die Tibeter reißen sich um die leeren Dosen. Sie spülen sie und benutzen sie dann als Behälter für alles mögliche. Auch hier hat schon einer der Jungen die leere Dose gesichtet und nimmt sie mit nach Hause.

Am andern Morgen, als wir gerade zufrieden beim Frühstück sitzen – ausnahmsweise hatte es diese Nacht nicht geregnet –, tauchen die Kinder wieder auf. Diesmal sind auch ein paar Mädchen darunter. Sie tragen zerfledderte Bücher unterm Arm und sind auf dem Weg zur Schule. Jeden Tag müssen sie mehrere Kilometer hin und zurück laufen, aber sie finden das nicht viel.

»Geht ihr denn jeden Tag zur Schule?«

»Hi, hi . . .« Sie stubsen sich nur an und kichern.

Ein Junge zeigt mir sein Buch, es enthält Abbildungen von Tieren und Gegenständen und darunter dann das entsprechende Wort in Chinesisch. Auch kleine Gedichte sind dabei. Laut zitieren die Kinder im Chor mit, als ich anfange, eines vorzulesen.

Wie der Zufall es so will, treffen wir einige Tage später auf einen Dorfschullehrer. »Schulen gibt es jetzt eigentlich recht viele«, erzählt er. »Das Problem ist, daß es nicht genug qualifizierte Lehrer gibt. Ich habe auch keine richtige Ausbildung. Und die allermeisten Kinder hier kommen nicht über die Grundschule hinaus.« Wie hoch die Analphabetenrate in Tibet ist, weiß er nicht, aber er schätzt sie, vor allem bei den älteren Leuten, sehr hoch.

»Früher waren die Mönche die einzigen gebildeten Leute«, sagt er. »Und gerade sie sind am stärksten verfolgt worden, die alten Klosteruniversitäten existieren nicht mehr. Die klassischen tibetischen Wissenschaften werden hier nicht mehr weitergegeben, nur noch in den Schulen außerhalb des Landes, in Ladakh und unter Exiltibetern. So lebt unsere Kultur weiter, aber nicht in ihrem Ursprungsland. Der Unterricht in den Dorfschulen wird zwar in Tibetisch gehalten, aber trotzdem, einen großen Teil ihrer Zeit verbringen die Schüler damit, Chinesisch zu lernen. Ansonsten bringe ich ihnen Mathematik bei . . . und ein bißchen Naturwissenschaften.«

Über Tinggri schieben sich graue, schwarzgeränderte Wolkenbänke zusammen, doch noch überzieht die Sonne die Welt mit hartem, metallischem Glanz. Wir fahren auf unseren Rädern die Dorfstraße entlang. Tinggri besteht nur aus einigen wenigen Gebäuden, die sich malerisch um einen Hügel herum gruppieren. Kaum zu glauben, daß dies einmal ein bedeutender Handelsort gewesen sein soll. Eigentlich sollte man von hier aus den Himalaya-Hauptkamm sehen können, aber heute versteckt er sich hinter den tiefhängenden Wolkengebirgen.

Der Truck-Stop macht einen armseligen Eindruck. Er besteht aus niedrigen Barackenzimmern, die um einen Innenhof herum gebaut sind, und es gibt eine dunkle und enge verräucherte Küche, in der eine alte Frau Momo – eine Art Ravioli – aus knorpeligem Schaffleisch und dünnen Teighüllen herstellt. Das Bettzeug in unserem Zimmer ist, selbst für tibetische Verhältnisse, außergewöhnlich muffig und ungewaschen, und durch das winzige Fensterchen fällt kaum Licht herein. »Wenn unser Zelt bloß nicht so undicht wäre«, meine ich, »dann würde ich lieber draußen campen.« Wir öffnen die Tür, soweit es geht, um zu lüften. Sogleich drängen sich Tibeter herein, die fasziniert uns, das Gepäck und die Fahrräder begutachten.

Hier in Tinggri möchten wir ein paar Tage bleiben, vielleicht den Abstecher zum Everest machen, unsere Vorräte auffüllen und ein bißchen ausruhen.

»Hoffentlich klart es bald auf«, seufzt Peter. »Da sind wir in einer der schönsten Gegenden der Welt und sehen überhaupt nichts davon!«

»Die Berge, die Berge!« ruft Peter aufgeregt und stürzt ins Zimmer. Es ist noch früh am Morgen, und er war als erster aufgestanden und verschlafen vor die Tür gestolpert. Ich springe aufgeregt aus dem Bett. Da sind sie! Eine schimmernde Kette aus Eisriesen, Siebentausender, Achttausender, die höchsten Berge der Welt.

»Der einzelne Berg dort links, das müßte eigentlich der Mount Everest sein!«

»Und der große weiter vorne der Cho Oyu!«

»Von dem Dorfhügel hat man sicher eine noch bessere Aussicht!«

Auf dem Dorfplatz, gegenüber vom Truck-Stop, ist viel Betrieb. Ein Mann versammelt seine Herde, bestehend aus Yaks und gewöhnlichen Rindern, um sie auf die Weide zu treiben. Frauen wandern mit Hacken auf den Schultern zur Feldarbeit hinaus.

Durch handtuchschmale Gassen, zwischen eng aneinander ge-

Der Mount Everest

drängten Häusern hindurch, steigen wir den Hügel hinauf, stapfen durch Geröll bis zum höchsten Punkt. Überwältigt setzen wir uns auf einen Felsen und können uns nicht satt sehen. Unter uns erstreckt sich, flach und weit, eine grüne Ebene, durchschnitten von einem weißsilbernen Fluß mit ausgefransten Seitenarmen. Blaugrüne Hügel ragen vereinzelt aus den Wiesen und türmen sich dann am Horizont zu einem Gebirge auf. Darüber dann zeichnen sich scharf gezackt die schartigen weißen Bergriesen gegen das Türkis des Himmels ab.

Etwas später machen wir einen Spaziergang in Richtung auf den

Himalaya zu. Wir wandern mehrere Stunden lang über die von leuchtenden Farben und Licht getränkte Ebene; es ist das erste Mal seit langer Zeit, daß es den ganzen Tag über sonnig bleibt. Nur Mount Everest und Cho Oyu sind bald wieder hinter Wolkenschleiern verschwunden.

Wir unterhalten uns über die zwei Amerikaner, die wir heute morgen getroffen haben und die den Ausflug zum Everest, nach Rongbuk, unternommen hatten. Ein Tibeter in Tinggri hat aus den in immer größerer Zahl strömenden Touristen ein Geschäft gemacht: Er kommt mit ein paar Pferden als Führer mit. Für die hundert Kilometer lange Strecke braucht man drei Tage hin und drei Tage wieder zurück. Die beiden hatten Pech, sie gerieten in einen Schneesturm und haben vom Everest überhaupt nichts gesehen. Zunächst denken wir daran, es auch zu versuchen, vor allem Peter möchte gerne noch nach Rongbuk, aber dann fahren wir doch direkt weiter in Richtung Katmandu. Wir haben nicht mehr genug Proviant für sechs Extratage, und hier in Tinggri kann man fast nichts nachkaufen. Der hauptsächliche Grund aber ist, daß ich von den Anstrengungen inzwischen ganz einfach müde und zermürbt bin und weiter will nach Katmandu. Von meinen anfänglichen Energiereserven ist nicht mehr viel übriggeblieben.

Bis wir Nyalam, den nächsten Ort, erreicht habe werden, liegen noch ungefähr fünf Tagesetappen vor uns. Einmal noch müssen wir über einen Paß, über den 5050 Meter hohen Lalung-Leh. Doch heute ist es glücklicherweise noch nicht soweit. Ganz gemütlich radeln wir ein bißchen bergauf und ein bißchen bergab, bis wir dann nach dreißig Kilometern unser Lager aufschlagen.

Während ich Wasser holen gehe, baut Peter den Kocher auf, um unsere gewohnte und inzwischen verhaßte Fleisch-Nudel-Diät zu kochen. Er pumpt und pumpt, um den nötigen Druck zu erzeugen, aber nichts tut sich. Die Gummidichtung ist kaputt, der Kocher brennt nicht. An diesem Abend – es ist kein Dorf in der Nähe – ernähren wir uns von trockenen Keksen. Den folgenden Morgen verbringen wir damit, an der Dichtung zu basteln, denn eine neue werden wir sehr wahrscheinlich erst in Katmandu bekommen können. Ich opfere eine Unterhose, die ich in Streifen reiße und um das morsche Gummi wickele. Und tatsächlich – wir schaffen es, genug Wasser für eine Nudelsuppe zum Sprudeln zu bringen. Doch die Freude währt nicht lange, danach ist diese Konstruktion auch schon wieder hinüber.

Wir grübeln und probieren herum, bis Peter die zündende Idee hat: »Wie wäre es denn mit der Fahrradpumpe?«

»Das könnte klappen!«

Aufgeregt versuchen wir die Pumpe an den Kocher anzuschrauben – paßt! Dann – ein spannender Augenblick – hält Peter ein Streichholz an den Brenner. Pfumm!

»Er brennt!«

»Und sogar besser als zuvor!«

Jetzt wird die Straße allmählich doch etwas steiler, und wir müssen schieben. Wir gehen langsam, lassen uns Zeit, und als wir schließlich an einem Platz vorbeikommen, der einladender nicht aussehen könnte, schlagen wir schon hier unser Zelt auf. Es ist zwar gerade erst Nachmittag, aber dies ist wirklich ein idyllisches Fleckchen Erde. Saftiges, weiches Gras wächst wie ein Kissen an einem Bach, der hier einen kleinen Wasserfall bildet. Endlich kann ich mich wieder richtig waschen, das letzte Mal ist schon ziemlich lange her. Immer gab es entweder kein Wasser, oder es stand ein großer Kreis Neugieriger um mich herum. Obwohl das Wasser grausam kalt ist, nehme ich ein Bad . . . brrr . . . allerdings nicht sehr lange. Der Tag ist schön heiß, und wir können genüßlich in der Sonne liegen und Wärme auftanken.

»Über einen Paß noch, und danach geht es nur bergab!«

Dieser Paß aber hat es in sich. Es ist eine Art »Kamelhöckerpaß«. Man muß zum ersten Gipfel hinauf – der ist noch nicht ganz so hoch –, dann geht es steil bergab und anschließend noch mal rauf zur eigentlichen Paßhöhe. Das erfahren wir aus unserem Reiseführer, aber wie weit es bis zum ersten Gipfel noch ist, wissen wir nicht.

Wir schieben und schieben und denken fortwährend: So weit kann es jetzt doch nun wirklich nicht mehr sein; aber wir kommen einfach nicht an. Nach fünfzehn Kilometern reicht es uns. Da wir gerade an einem kleinen Plateau angelangt sind, beschließen wir, hier zu übernachten. Das Plateau ist von einer herben und wilden Schönheit, um uns nur Steine und Moosbüschel und die Musik des Windes.

Hinter uns, weit unten, liegt das scharf zerklüftete, bergige Tal, aus dem wir heraufgeschoben haben, und in der anderen Richtung Wolken, nichts als Wolken. Erst abends öffnen sie sich wie ein Theatervorhang, und wir sehen in der Ferne die atemberaubende Kulisse schnee- und eisbedeckter Bergriesen auftauchen – für einige wenige kurze Sekunden nur. Danach ist alles wieder grau.

Wie erwartet ist die kleine Paßhöhe nicht mehr weit entfernt, und wir holpern in steilen Serpentinen bergab, aber so richtig freuen können wir uns nicht daran. Denn wir wissen schon, daß wir das, was wir jetzt hinunterfahren, gleich wieder mühselig nach oben schieben müssen. Schließlich erreichen wir ein enges Tal mit einem Bach, einem Haus und zwei wütenden Wachhunden. Der Bach kommt gerade zur rechten Zeit, von unserem Wasservorrat war nicht mehr viel übrig.

»Wenn wir erst einmal die letzten Kilometer hinter uns gebracht haben, dann können wir uns rollen lassen bis nach Nepal«, sagt Peter, und wir schieben los. Der Himmel führt mal wieder ein Drama für uns auf: Wir sehen weiß gezackte Berge auftauchen, und während hinter uns warm und golden die Sonne scheint, zieht vor uns bereits eine pechschwarze Wolkenwand auf. Schon hat sie die Berge verschluckt. Donner grollt und rumpelt, und ein kalter Wind, der rasch stärker wird, stemmt sich uns entgegen. Als wir dann endlich oben sind, sind wir tief enttäuscht. Wir hatten uns noch einen letzten Blick auf den Himalaya erhofft, doch außer dunklen Wolkenbänken ist nichts zu sehen.

Wir lassen uns auf den Steinen unter den Gebetsfahnen nieder und hoffen, daß die schwarze Wand vor uns bald weiterziehen wird. Es ist bitterkalt hier oben, die Kälte der Steine zieht uns eisig das Rückgrat hinauf und läßt uns erstarren, und der Sturm faucht uns um die Ohren. Endlich geben wir es auf; weit wollen wir heute auch nicht mehr fahren, vielleicht lichtet sich die Wolkendecke ja noch.

Und so ist es auch. Als wir vorm Schlafengehen noch draußen sitzen und Tee kochen, wird kurz die Sicht frei auf den Xixabangma, den knapp achttausend Meter hohen, neunthöchsten Berg der Welt. Wir sind glücklich, dies sind die Momente, für die sich alle Strapazen lohnen.

Nach dem Frühstück legen wir das Zelt zusammen, und ich freue mich schon auf die Abfahrt. Doch es kommt wieder mal ganz anders als gedacht. Anfangs geht es steil zwischen den Felswänden hindurch nach unten, wir flitzen im Zickzack bergab. Allmählich jedoch wird es flacher, wir verlassen den schützenden Windschatten der Berge, und sofort wirft der Sturm sich uns frontal entgegen. Sogar auf Strecken mit Gefälle müssen wir gegen den Wind ankämpfen und hart durchtreten. Er pfeift und orgelt, lehnt sich mit aller Kraft gegen mein Rad und zieht mir das Wasser aus den Augen. Heulend wirft er mir den Straßenstaub entgegen, und wenn er eine kurze Verschnaufpause einlegt, dann nur, um gleich darauf um so heftiger loszutoben.

Bis nach Nyalam sind es fünfzig Kilometer, und als wir dort ankommen, sind wir völlig erschöpft. Nyalam ist ziemlich groß, es gibt mehrere Restaurants, zwei staatliche Läden, in denen es allerdings nicht viel zu kaufen gibt, und sogar ein kleines Krankenhaus.

Im Hotel sind wir nicht die einzigen Radfahrer, wir treffen dort auf zwei Engländer, die nach Lhasa radeln. Das scheint in diesem Sommer – das Mountain-Bike-Fieber ist gerade ausgebrochen – große Mode zu sein. Unsere Idee ist also doch nicht ganz so originell, wie wir in Lhasa gedacht haben.

Wir schlafen in einem Truck-Stop und verbringen dort auch den größten Teil des folgenden Tages mit Lesen, Flicken, Waschen und Erzählen. Die Engländer fahren auch noch nicht weiter, denn das Wetter ist furchtbar. Es nieselt, pladdert, gießt, tröpfelt oder regnet Bindfäden, ununterbrochen. Außerdem ist die ganze Gegend vernebelt, man kann kaum ein paar Meter weit sehen.

Eines der Restaurants hier wird von einem sehr netten jungen Chinesen geführt, der uns seine Lebensgeschichte erzählt. »Eine ganz normale Durchschnittsgeschichte . . .«, sagt er. Er kommt aus

Chengdu und hat dort die Mittelschule besucht. Danach hat er als Grundschullehrer gearbeitet, aber das hat ihm nicht so gut gefallen. »Ich war kaum auf den Beruf vorbereitet und auf jeden Fall noch viel zu jung.« Es folgten zwei Jahre beim Militär, und anschließend wurde ihm ein neuer Arbeitsplatz zugeteilt. In China gibt es keinen freien Arbeitsmarkt, er soll erst allmählich eingeführt werden. Normalerweise bekommt jeder Schul- oder Universitätsabgänger eine Arbeitsstelle zugewiesen. Unter Umständen eine Arbeit, die mit der studierten Fachrichtung kaum etwas zu tun hat. Denn Können oder Wissen ist nicht ausschlaggebend. Um einen guten Job zu ergattern, braucht man wieder *guanxi*, Beziehungen. Oder man muß mit kleinen Geschenken seine Chancen verbessern. Nicht umsonst ist Korruption eins der größten Probleme in Chinas Bürokratendschungel. Gefällt die zugeteilte Arbeit nicht, dann kann man das zwar äußern, aber damit ist noch lange nicht gesagt, daß man auch wirklich etwas Besseres bekommt.

Unser Freund landete in Tibet und mußte in einem großen Hotel arbeiten. »Nach Tibet, das fand ich schrecklich. Niemand will gerne hierher. Aber man kann gut Geld machen, die Bezahlung ist in Ordnung. Ich habe über hundert Yuan im Monat verdient, das ist ziemlich viel. Die Arbeit war allerdings sterbenslangweilig. Lange hab ich das nicht ausgehalten, ich mußte was Richtiges tun. Also hab ich gespart und gespart und mir Geld geliehen, bis ich zweitausend Yuan zusammen hatte. Gemeinsam mit einem Freund habe ich dann das Restaurant gebaut und aufgemacht. Im Winter ist hier natürlich nichts los, aber im Sommer läuft's prima. Nicht, daß ich mehr verdiene als in dem Hotel, aber dies ist mein eigener Laden, und das gefällt mir.«

Der nächste Tag bleibt verregnet, und erst am dritten Tag können wir etwas spazierengehen. Ein paar Kilometer entfernt von Nyalam liegt die Höhle, in der einst Milarepa gelebt hat. Milarepa ist in Tibet außerordentlich bekannt und beliebt: als Dichter, Heiliger, Einsiedler und Mystiker. Sein Name bedeutet: »Der mit einem Baumwolltuch bekleidete Mila«. Er trug nämlich, Asket, der er war, nie mehr als ein dünnes Baumwolltuch, und das selbst im eisigsten

Winter, denn er beherrschte die Kunst, durch Meditation Wärme im Körper zu erzeugen. Auch was seine Nahrung angeht, soll er äußerst spartanisch gelebt haben. Angeblich aß er nur Nesseln – bis seine Haut sich schließlich grün färbte. Viele tibetische Malereien und Statuen stellen Milarepa dar. Immer hat er die rechte Hand ans Ohr gelegt und lauscht lächelnd seiner inneren Stimme.

Im Jahre 1040 wurde er geboren, und zwar in einer recht wohlhabenden Familie. Als er sieben Jahre alt war, starb sein Vater. Dessen Vermögen – einschließlich Frau und Kindern – überließ der Vater seinem Bruder zu treuen Händen bis zu Milarepas Volljährigkeit. Dieser Onkel nun war ein niederträchtiger Charakter und ließ die Witwe und die Kinder wie Sklaven für sich schuften. Milarepas Mutter verkaufte das einzige, was sie besaß, ein Stück Land, und bezahlte von dem Erlös die Ausbildung ihres Sohnes in Schwarzer Magie.

Milarepa war ein gelehriger Schüler. Während einer Hochzeitsfeier brachte er ein Hausdach zum Einsturz, das den Sohn seines Onkels unter sich begrub. Dann vernichtete er mit Hilfe eines Hagelsturms die gesamte Ernte des Onkels. So hatte er sein Ziel erreicht: Dem Onkel reichte es, er erstattete seinem Neffen das Erbe zurück. Doch auch Milarepa hatte genug. Er entsagte der Welt und machte sich auf die Suche nach einem spirituellen Lehrer, den er in Marpa fand, dem Begründer der buddhistischen Kargyüpa-Sekte. Als erstes mußte Milarepa, um Marpa von seinen ernsthaften Absichten zu überzeugen, einen Turm bauen – nur um ihn anschließend wieder abzureißen und von neuem zu beginnen. Endlich dann war Marpa bereit, ihn zu unterrichten, und Milarepa führte bis zu seinem Tod im hohen Alter von 83 Jahren ein Leben als Weiser, Heiliger und Asket. Seine Poesie machte ihn in Tibet unsterblich.

Ankunft in Nepal mit Hindernissen

Wir verlassen Nyalam, und eine traumhaft schöne Abfahrt beginnt. Bis zur nepalesischen Grenze hinter Kasa (Zhangmu) liegen noch dreiunddreißig Kilometer vor uns. Die Sonne scheint wieder, und wir brauchen nichts weiter zu tun, als uns aufs Rad zu setzen und hinunterzurollen. Tiefer kommen wir, immer tiefer und tiefer, und bald haben wir endgültig die Hochebene hinter uns gelassen. Jetzt erst merke ich, wie sehr ich mich bereits an die wüstenähnliche Gebirgslandschaft Tibets gewöhnt habe. Steinige Felsen, ab und zu etwas Gras, Moos und wenige widerstandsfähige kleine Blumen, das war für Wochen unsere ständige Umgebung. Und nun ist es, als ob wir aus der Wüste in ein fruchtbares Paradies gekommen wären. Dieses Grün überall! Das sind nicht mehr die mit Staub bedeckten,

Nach der wüstenähnlichen Hochgebirgslandschaft Tibets wird die Natur jetzt wieder grün

dürren, vereinzelten Gewächse des Hochlands, hier blüht und wuchert es in Hülle und Fülle. Wir fahren an einer grandiosen Schlucht entlang. Tief unter uns tost weiß ein Gebirgsfluß, eingeschlossen von steilen, grünen, mit Bäumen und Sträuchern bewachsenen Klippen, von denen sich Wasserfälle strudelnd herabfallen lassen. Immer wieder halten wir an und staunen.

Einmal stoppt ein Bus ein paar Serpentinen vor uns zu einer Rast, und die Touristen, die sich die Beine vertreten, stellen sich an den Straßenrand und klatschen »Bravo!«, als wir an ihnen vorbeifahren. Ich komme mir vor, als hätte ich gerade die Tour de France gewonnen. In rasantem Tempo lassen wir die Höhenmeter hinter uns. Die Straße ist in immer miserablerem Zustand, von kleinen Bächen überschwemmt, voller Steine und Querrillen. Wir müssen uns stark konzentrieren.

»Eigentlich müßten wir bald in Kasa sein!«

»Hoffentlich ist der Erdrutsch nicht so schlimm.«

Die Engländer in Nyalam hatten uns gewarnt: »Bei Kasa sind zwei Erdrutsche, einer vor dem Ort, einer dahinter. Ihr müßt Träger nehmen, sonst kommt ihr da nicht rüber.«

Träger, haben wir gedacht, brauchen wir nicht. So wild wird's schon nicht sein, die beiden übertreiben bestimmt ganz schön. Schlimmstenfalls müssen wir eben Gepäck und Räder einzeln rübertragen.

Die ersten armseligen Behausungen tauchen auf, und wir radeln an eilig zusammengeschusterten Bretterverschlägen entlang. Die Straße besteht nur noch aus Matsch, zertrampelt von vielen Füßen und zerwalzt von Lastwagen und Omnibussen, die am Straßenrand parken. Als wir durch den knöcheltiefen Morast stapfen, die Räder mehr ziehend als schiebend, kommen wir an einer Versammlung vorbei: Tibeter, viele Khampas darunter, die einträchtig nebeneinander sitzen oder stehen und einem großgewachsenen, bulligen Mann lauschen.

Kurz darauf ist die Straße zu Ende, sie wird von Fahrzeugen blockiert. Etwas weiter entfernt können wir schon den Erdrutsch sehen.

»Ich guck mir das mal genauer an«, schlägt Peter vor.

»In Ordnung, ich warte mit den Rädern hier«, sage ich, und Peter geht los. Ich überlege gerade, wie wir von hier wohl weiterkommen werden, als plötzlich wildes Gebrüll die Luft zerreißt, die Khampas, Chinesen und Nepali wie eine Lawine auf mich zustürzen. Verschreckt halte ich mich an meinem Fahrrad fest. Da sind sie auch schon! Beinahe rennen sie mich um, als sie den Lastwagen neben mir stürmen und sich um die Ladung prügeln. Der große Mann, anscheinend der Aufseher, versucht schweißtriefend Ordnung in das Chaos zu bringen, aber ohne großen Erfolg. Der Erdrutsch ist für Fahrzeuge unpassierbar, und so wird das Transportgut bis nach Kasa auf einem Bergpfad hinunter von den Trägern geschleppt. Träger gibt es genug, der Erdrutsch hat viele Männer angelockt, die hier ihr Glück versuchen wollen. Einige von ihnen krallen sich jetzt in einer dicken Traube an unsere Fahrräder, und einer schreit lauter als der andere:

»Ich mach's für fünfundzwanzig Yuan!«

»Zweiundzwanzig!«

»Hier, nimm mich, nur zwanzig!«

Jeder will der Glückliche sein, der unter der Last meines Rades nach unten keuchen darf. Was für eine unangenehme Situation! Soll ich einem der Männer wirklich mein schweres Fahrrad aufbürden? Ich bin doch kein Sklaventreiber! Aber eine andere Möglichkeit gibt es wohl nicht, alleine können wir Räder und Gepäck unmöglich hinunterschleppen.

Ein zurückhaltender Tibeter sieht nett aus, und zögernd beginne ich, mit ihm zu verhandeln. Da mischt sich der Aufseher ein:

»Stopp, stopp, Moment mal, so geht das nicht!« Schnaufend bahnt er sich einen Weg durch die Menge, bis er zu mir vorgedrungen ist. »Wir haben hier ein Verteilungssystem, damit jeder mal an die Reihe kommt.«

Er hält zwei Steine hoch, und die beiden Tibeter, denen er sie in die Hand drückt, beeilen sich, mir die Räder aus der Hand zu reißen.

»Halt, halt!« Ich will erst noch warten, bis Peter zurück ist, und außerdem habe ich noch keinen Lohn ausgehandelt. Mit dem Aufseher einige ich mich schließlich auf zwölf Yuan. Als Peter dann erscheint und berichtet, daß man über die Straße unmöglich weiterkommt – »sie sind dort am Sprengen« –, packen die beiden Tibeter sich unsere Räder mitsamt Satteltaschen auf die Schultern und klettern in atemberaubender Geschwindigkeit bergab. Wir haben nur die Rucksäcke abgenommen und uns aufgeschnallt. Obwohl wir im Vergleich zu ihnen kaum etwas schleppen müssen, keuchen wir nur mit Mühe hinterher. Der Pfad ist steil und schlüpfrig, von unzähligen Füßen ausgetreten. Ich rutsche und schlittere bergab, Zweige peitschen mir ins Gesicht, und mir ist nicht ganz wohl bei dem Gedanken, Rad und Gepäck aus der Hand gegeben zu haben. Schon bald gerade ich ins Schwitzen. Die lange Reihe der Träger, die gebückt unter ihren Lasten und mit vor Anstrengung verzerrten Gesichtern vor und hinter uns laufen, haben nur zerlöcherte Armeeturnschuhe aus Baumwolle, Gummislipper oder gar nichts an den Füßen. Trotzdem rennen sie unglaublich schnell hinunter. Dann, ganz plötzlich, bleiben unsere beiden Träger stehen und stellen die Räder ab. Verschnaufpause, denke ich.

»Also«, sagt einer der beiden und verschränkt drohend die Arme über der Brust. »Wenn ihr uns fünfzehn Yuan pro Mann gebt, gehen wir weiter. Sonst lassen wir die Räder hier stehen, und ihr müßt selbst sehen, wie ihr weiterkommt.«

Peter und ich sehen uns ratlos an. Was jetzt? Es geht nicht um die paar Yuan, aber das ist Erpressung, da stimmen wir überein. Wir sagen ihnen also, daß sie in diesem Fall gar nichts kriegen, und daß hier an Trägern nun wirklich kein Mangel herrscht. Murrend laden sie sich schließlich die Räder wieder auf, und ich komme mir ziemlich mies und ausbeuterisch vor.

Nach einer Weile erreichen wir einen strudelnden, breiten Fluß, der in einem Wasserfall zu Tal rauscht. Oberhalb davon müssen wir ihn durchqueren. Die Träger in ihren Gummislippern waten ohne anzuhalten und ohne sich umzublicken hindurch, und wenn wir nicht den Anschluß verlieren wollen, dürfen wir keine Zeit damit verlieren, Schuhe und Strümpfe auszuziehen. So platschen wir hinterher. Als wir die andere Seite erreichen, steht dort einer der Träger, stammelt Entschuldigungen und zeigt hinunter zum Fuß des Wasserfalls.

»God verdomme!« flucht Peter.

Da liegen die Satteltaschen von seinem Fahrrad, die sich gelöst haben und abgerutscht sind. Glücklicherweise sind sie nicht mit der Strömung weggetrieben, sondern genau auf einen großen, flachen Felsbrocken gefallen. Der Träger kraxelt die Klippen hinunter und wir beobachten ihn besorgt. Hoffentlich rutscht er nicht ab. Doch er gelangt heil hinunter und klettert auch ohne Zwischenfall mit der Tasche wieder zurück.

Doch das war noch nicht alles. Wir sind jetzt fast in Kasa und freuen uns schon, daß wir es bald geschafft haben. Der Ortsrand sieht aus, als befänden wir uns mitten im Krieg, um uns ragen Häuserruinen auf. Ich höre einen Pfeifton, aber ich denke mir weiter nichts dabei. Die Träger jedoch wissen sofort, was los ist. Sie springen in eins der verlassenen Häuser, ziehen uns hinterher und pressen sich platt an die Wand. Ich weiß immer noch nicht, was das Ganze eigentlich soll, aber die beiden sehen ängstlich nach oben, und so drücke auch ich mich eng an die Mauer – krawumm! Es donnert und explodiert, Leute schreien, und jetzt verstehe ich: An dem Erdrutsch wird gesprengt. Mit einem Mal kracht es direkt über uns, Steingeschosse sausen durch die Decke und fliegen uns um die Ohren, es rumpelt, poltert, mehrere Sprengungen bellen und knallen hintereinander wie Schüsse. So plötzlich, wie der Spuk begonnen hat, hört er auch wieder auf.

»Okay«, sagen die Träger, lachen, und klopfen sich den Staub aus den Kleidern.

Kasa. Was ich mir als winziges, verschlafenes Dörfchen vorgestellt hatte, entpuppt sich als eine recht große, quirlige Grenzstadt. Kasa ist ein Ort, der vom Handel lebt. Viele Nepali tummeln sich hier, haben in Holzhütten auf Pfählen Läden eingerichtet, in denen sie indische und nepalesische Waren in einem nach vorne hin offenen, vollgestopften Verkaufsraum anbieten. Sie haben Restaurants eröffnet und kleine Hotels oder verdingen sich als Träger. Natürlich gibt es auch viele Tibeter hier – und Chinesen. Am Ortsende befindet sich der chinesische Grenzposten.

Die Stadt krallt sich an den Hang, die Pfahlunterbauten der Häuser suchen Halt in der weichen Erde. Abgesehen von der

Straße, die sich kurvenreich zwischen Holz- und Betonbauten hindurchwindet, werden der obere und der untere Teil der Stadt durch ein Geflecht von schmalen Treppen verbunden.

Uns gefällt es so gut hier, daß wir beschließen, noch einen Tag zu bleiben. Viele Möglichkeiten zum Spazierengehen in der Umgebung gibt es allerdings nicht. In Richtung Tibet versperrt der Erdrutsch den Durchgang, und in Richtung Nepal werden wir von der Grenzschranke aufgehalten.

Abends im Restaurant lernen wir einen Abenteurer kennen, der bis nach Lhasa zu Fuß wandern will. Er schleppt einen gigantischen Rucksack mit sich herum und ist noch guten Mutes. Wir wünschen ihm viel Glück und erkundigen uns nach dem zweiten Erdrutsch hinter Kasa.

»Da sieht es böse aus. Zwischen dem chinesischen Grenzposten und dem nepalesischen liegen zehn Kilometer Niemandsland, ein steiler Abhang mit einer Serpentinenstraße. Auf der ganzen Strecke ist ein kleiner Erdrutsch hinter dem anderen. Ich bin lieber nicht da durch, sondern mit einem Träger quer durch den Wald. Ihr könntet es über die Straße sicherlich irgendwie schaffen, aber es ist wahrscheinlich sehr anstrengend.«

Als wir am nächsten Morgen zum Grenzübergang rollen, sind wir gespannt. Ob wir wohl unser gesamtes Gepäck ausräumen müssen? Was wird der Zollbeamte dazu sagen, daß wir mit den Rädern hier sind? Ausländern ist Radfahren außerhalb der Städte eigentlich nicht erlaubt. Aber er stempelt nur sorgfältig und bedächtig das Visum ab und winkt uns durch. Keine Fragen. Hinter der Schranke kommen wir bald wieder an Holzhütten vorbei, wie wir sie schon oberhalb von Kasa gesehen haben. Träger rufen uns hinterher. Sie wollen, daß wir mit ihnen über den Bergpfad gehen. Doch erst einmal möchten wir es über die Straße versuchen. Wir schieben jetzt – die Straße ist so tief zermatscht, daß wir unmöglich weiter fahren können. Doch noch bevor wir am ersten Erdrutsch angelangt sind, werden wir von ein paar Chinesen gestoppt, die uns, mit Hacken auf den Schultern, entgegeneilen.

»Wo wollt ihr denn hin?«

»Weiter zur nepalesischen Grenze ...«

»Um Himmels willen, seid ihr verrückt? Hier wird jeden Moment gesprengt!«

So schnell wir können, schieben wir unsere Räder zurück und gehen dann doch über den Bergpfad weiter. Diesmal heuern wir drei Träger an, noch einen zusätzlich, der die Satteltaschen trägt. Er freut sich; seine Last ist zwar sperrig, aber – die Fleischkonserven haben wir mittlerweile aufgegessen – nicht schwer.

Der Weg fällt steil ab, oft rutsche ich mehr, als daß ich laufe. Dann müssen wir ein Stück passieren, an dem der Pfad ganz weggebrochen ist – ein Erdrutsch auf dem Erdrutschumgehungsweg. Ich balanciere gerade über den glitschigen, kaum mehr als fußbreiten Trampelpfad – rechts geht es tief, beinah senkrecht hinunter, links ragt glatt und rotlehmig der Berg auf, und es gibt nichts, woran ich mich festhalten könnte –, als es pfeift. Unglücklicherweise klebe ich gerade jetzt mitten an der Wand, wo es keine Deckung gibt. Schon knallt und kracht es, und haarscharf an mir vorbei kollern und poltern Steine den Abhang herunter. Die Träger schreien, ich soll mich beeilen, aber ich bin vor Angst wie gelähmt. Dann strecken sie mir ihre Hände entgegen, und so schaffe ich es dann doch irgendwie, die andere Seite zu erreichen. Ich habe keine Zeit, mich zu freuen, schon laufen und rutschen wir weiter. Schließlich sind wir unten angelangt. Auf der *youyi qiao*, der »Freundschaftsbrücke«, überqueren wir den Fluß Sun Kosi. Wir können wieder aufsteigen und fahren, bis wir nach ein paar Kilometern Kodari und damit den nepalesischen Grenzübergang erreicht haben. Wir müssen lange warten und viele Papiere ausfüllen, dann bekommen wir unseren Stempel – wir sind in Nepal!

Das Gefühl, nun schon fast am Ziel zu sein, trügt. Ein hartes Stück liegt noch vor uns: vierzig Kilometer, auf denen ein Erdrutsch den anderen ablöst. Die »Freundschaftsstraße« nach Katmandu, von den Chinesen erbaut, ist in einem erbärmlichen Zustand. Jeder Monsun – dieses Jahr ist er besonders schlimm – trägt sein Teil dazu bei. Die durch Abholzung erosionsgeschädigten Berghänge finden keinen Halt mehr und werden von den starken Regenfällen zu Tal geschwemmt. Die meisten Erdrutsche sind klein, man kann auf schmalen Trampelpfaden hinüberklettern, aber manche sind so groß, daß man sie in weitem Bogen umgehen muß. Die Straße ist dann von Schlamm- und Steinmassen weggerissen worden, sie existiert streckenweise einfach nicht mehr. Die Aufräum- und Bauarbeiten sind langwierig und teuer und ein Faß ohne Boden. Ist ein Erdrutsch endlich beseitigt, dann dauert es mit Sicherheit nicht lange, bis der nächste zuschlägt.

Für heute haben wir genug, von Kodari aus fahren wir nur noch ein kurzes Stück weiter, nach Tattopani. Dort wollen wir übernachten. Wir lassen uns bergab rollen, sind entspannt. Es wird steiler und schneller, und ich bremse das Hinterrad leicht ab – es reagiert nicht. Noch einmal – nichts ... Schreck! Also die Vorderbremse – der Bremshebel – bewegt sich nicht! Panik! Ich werde immer schneller, sause durch enge, unübersichtliche Haarnadelkurven und fürchte, vollends die Gewalt über das Fahrrad zu verlieren. Die einzige Möglichkeit, etwas abzubremsen, ist, meine Hacken in den Boden zu bohren. Da tauchen schon die ersten Häuser auf, die Straße flacht ab, ich werde langsamer, und allmählich rollt das Rad aus.

Tattopani ist ein kleines Dorf, bestehend aus Holz- und Steinhäusern, die sich entlang der Straße aufreihen. Wir steigen in einer Lodge ab, bei einer Familie, die ihre entbehrlichen Räume an Fremde vermietet. Unser Zimmer ist winzig, und wir müssen es, wie wir in dieser Nacht noch schmerzhaft feststellen werden, mit Heerscharen von Flöhen und Wanzen teilen.

An diesem Nachmittag gehen wir noch ein bißchen spazieren und treffen außerhalb des Dorfs auf eine dort versammelte Menschenmenge.

»Worauf warten die denn hier?«

»Keine Ahnung, ich jedenfalls sehe nichts.«

Die Leute starren wie gebannt hinauf in den Himmel, und dann hören wir plötzlich etwas. Erst knattert es, leise zunächst, dann lauter, bis es dröhnt und brüllt. Ein Hubschrauber nähert sich. Es sieht gewagt aus, wie er sich zwischen den steilen Felshängen hindurch dem winzigen Landeplatz nähert. Wir erfahren, daß die vierzig Kilometer hinter Kasa für Fahrzeuge völlig unpassierbar

Die Straße hinter der nepalesischen Grenze wird immer wieder von Erdrutschen blockiert

sind, und wenn etwas passiert, jemand verletzt ist zum Beispiel, dann muß er per Hubschrauber nach Katmandu geflogen werden. Diesmal sind es einige Touristen, die den Hubschrauber geordert haben.

Der nächste größere Ort und unser Ziel für heute ist Barahbise. Gleich hinter Tattopani versperren uns schon einige Felsbrocken die Weiterfahrt. Mit der tatkräftigen Hilfe von ein paar Nepali schieben, ziehen und tragen wir die Räder schließlich hinüber, ohne erst alles abladen zu müssen. Es ist nicht leicht, hier vorwärts zu kommen, aber es geht doch besser, als ich befürchtet hatte. Hin und wieder müssen wir absteigen, die Räder an Felsbrocken vorbei und durch tiefen Matsch hindurch schieben, aber den größten Teil können wir fahren.

Die Luft ist ganz anders hier als in Tibet, denke ich, schwerer und tropischer. Wir radeln durch ein Tal, das von saftig grün bewaldeten Bergen eingeschlossen ist, die in der Morgenluft neblig dampfen. Manchmal sehen wir rote oder gelbe Lehmhäuser, die sich zwischen den Bäumen an den Hang drücken. Dann passieren wir ein kleines, ärmliches Dorf. Die Männer hier tragen bunte, runde Käppis, lange Hemden, kurze Westen und enganliegende Hosen, die Frauen Saris und Schultertücher in leuchtenden Farben. Sie werfen uns nur einen kurzen erstaunten Blick zu, dann arbeiten sie weiter. Selbst die Kinder kümmern sich nicht um uns.

Schließlich wird unsere Fahrt jäh unterbrochen. Um diesen Erdrutsch können wir nicht herummanövrieren. Lehm und felsiges Geröll bilden einen kleinen Hügel auf der Straße, über den ein nur knapp fußbreiter Pfad getrampelt worden ist. Ich versuche, das Rad hinüberzuschieben, aber das ist ein hoffnungsloses Unterfangen, der Weg ist viel zu schmal.

»Was jetzt?« sagt Peter und kratzt sich am Hinterkopf.

Wir haben nicht viel Auswahl. Uns bleibt nichts übrig, als das Gepäck abzuladen und dreimal hin und her zu laufen: einmal mit dem Rucksack, einmal mit den Satteltaschen und einmal mit dem Fahrrad auf den Schultern. Jetzt bewundere ich wirklich die Träger, die gestern so leichtfüßig den Bergpfad hinuntergesprungen sind.

Bei mir stößt das sperrige Rad überall an, an die Felsen und an meine Knochen, und mehrmals rutsche ich weg und lasse beinahe das Rad fallen. Wir ahnen es schon, dies bleibt nicht das einzige Mal, daß wir so über die glitschigen Erdrutsche hinweg balancieren müssen. Doch heute scheinen wir noch mal glimpflich davonzukommen.

»Wir müßten jetzt eigentlich bald in Barahbise sein«, meint Peter gerade, als uns zwei Ausländerinnen entgegenkommen, die einen ausgesprochen frustrierten Eindruck machen. Nur eine von ihnen läuft, die andere hängt erschöpft auf dem Rücken eines Trägers.

»Da vorne geht es nicht weiter«, sagt die eine. »Ganz kurz vor Barahbise ist ein frischer Erdrutsch heruntergegangen. Er ist so groß, daß man unmöglich drüberklettern kann. Da vorne gibt es einen Pfad über die Berge, meint unser Träger.«

Wir fahren noch ein paar Meter weiter, dann sehen auch wir die Bescherung. Die Straße ist einfach nicht mehr vorhanden. Der Weg über den Berg dagegen sieht an seinem unteren Ende ganz passabel aus, so daß wir denken, es ohne Träger schaffen zu können. Doch schon bald müssen wir erschöpft feststellen, daß es unmöglich ist. Die drei Träger, die uns schon eine ganze Zeitlang hinterherlaufen und nie müde werden, uns ihre Dienste anzubieten, grinsen. Sie haben es ja gleich gesagt. Also nehmen wieder zwei die Fahrräder, einer die Satteltaschen, wir die Rucksäcke, und wir wandern los.

Die Träger trotten gemütlich vor sich hin, und das soll mir nur recht sein. Ich genieße richtig diesen Spaziergang durch die Spätnachmittagssonne. An einem Haus am Weg grüßt mich ein Mann, der vor seiner Tür sitzt, und ich erkundige mich nach dem Erdrutsch.

»Das ist gerade erst passiert, vor einer Stunde oder so«, erzählt er. »Furchtbar, wirklich furchtbar. Zwei Männer waren genau zu diesem Zeitpunkt dort unterwegs. Sie hatten keine Chance, ihnen konnte niemand mehr helfen. Von den Stein- und Erdmassen sind sie völlig verschüttet worden ...« Traurig schüttelt er den Kopf.

Unter einem großen Baum machen wir Rast. Hier sitzen bereits eine ganze Menge Träger, die große Holzkisten neben sich abgestellt haben, und hier treffen wir auch die beiden Frauen von vorhin wieder. Die eine sieht erschreckend bleich und abgemagert aus, und ihre Freundin erzählt, daß sie sie nach Katmandu bringen muß. »Sie muß so schnell wie möglich in ein Krankenhaus. Ich weiß nicht genau, was ihr fehlt, aber auf jeden Fall ist es sehr ernst. Und jetzt hängen wir hier in diesen verdammten Erdrutschen fest!« Der Hubschrauber war nicht gleich verfügbar, und so sind sie lieber losmarschiert, als zu warten. »Aber schneller als in drei Tagen ist die Strecke nicht zu machen.«

In diesem Moment hören wir Stimmen, und kurz darauf überholen uns einige Ausländer. Erst zwei Männer und dann – wir trauen unseren Augen nicht – eine Frau in einem aufregend knappen Bikini. Sie stolziert vorbei, und den Trägern fallen fast die Augen aus dem Kopf, sie halten die Luft an. So was haben sie noch nie gesehen!

Nachdem sie sich wieder beruhigt haben, stehen sie auf, um sich aufs neue die Kisten aufzuladen, die sie sich an breiten Stirnbändern auf den Rücken hängen. So können sie angeblich bis zu dreißig Kilo tragen. Dabei sind sie barfuß oder tragen – Luxus! – eventuell ein paar Gummilatschen. Wer sich verletzt oder krank wird, hat in diesem Job Pech gehabt. Und das alles für ein paar Rupien am Tag, die gerade zum Überleben reichen.

»Mist, wir sind zu spät!«

»Die Träger sind alle schon weg . . . wären wir doch bloß früher aufgestanden!« Wir stehen mit unseren Rädern vor dem riesigen Erdrutsch hinter Barahbise. »Ohne Träger können wir das wohl vergesen!«

»Wenn ihr wollt, können wir eure Räder rüberbringen!« Ein paar Nepali schlendern heran. Sie wissen, daß wir auf sie angewiesen sind, und verlangen einen Lohn, der mehr als dreimal so hoch ist, als was wir bis jetzt bezahlt haben. Und ihr Sprecher läßt absolut nicht mit sich handeln. Wir ärgern uns und beschließen, lieber noch einen Tag hier zu verbringen. Zeit haben wir genug.

Barahbise ist ein Ort mit viel Charme, er ist aber auch extrem schmutzig. Die Hauptstraße sieht so aus, wie ich mir Straßen im europäischen Mittelalter vorstelle: Schlamm und Kuhscheiße knöcheltief. Ein Kramladen reiht sich an den anderen. In dem zur

Der kleine Ort Barahbise

Straße hin offenen Verkaufsraum stapeln sich in Regalen Schachteln, Kisten, Dosen und Flaschen, auf dem Boden warten Obst und Gemüse in großen Körben auf Kundschaft, an Haken baumeln grüne Bananen von der Decke, große Stoffballen füllen die letzten noch freien Ecken aus, und zwischen all diesen Schätzen hockt im Schneidersitz der Händler. Wir schwelgen in Ananas, Äpfeln und Bananen und beobachten das Dorfleben.

Als wir dann am frühen Morgen vor die Tür treten, liegt ein zauberhafter Glanz über Barahbise. Das Wasser in den Reisfeldern und der Fluß glitzern silbern, und dort, wo die Sonnenstrahlen auf die Berghänge treffen, schimmern diese wie Gold. Gähnend schlurfen die Männer auf die Straße, knoten sich noch leicht verschlafen die Hosen fest um die Hüften, recken sich und machen sich dann auf den Weg. Die meisten Frauen sind schon länger auf und haben ihn bereits hinter sich – den allmorgendlichen Gang zum Flußufer. In ganz Barahbise gibt es keine geschlossene Toilette, und so hocken jeden Tag bei Sonnenaufgang sämtliche Dorfbewohner hier am

Rand des Wassers. Es stinkt erbärmlich, Fliegen schwirren herum, und es ist gar nicht einfach, noch einen freien Platz zu finden. Dem Flußufer nach zu urteilen, leiden die meisten Leute unter Durchfall. Kein Wunder, denke ich, hier müssen die Krankheiten sich ja verbreiten.

Obwohl es noch früh am Morgen ist, gerade halb sechs, hat sich vor dem kleinen Hotel bereits eine Gruppe Träger versammelt, die auf Arbeit warten. Die meisten werden mit einer Touristengruppe gehen. Genau wie wir müssen auch sie diese Strecke notgedrungen zu Fuß bewältigen. Wir wählen drei Träger aus, die uns begleiten sollen.

Mein Fahrrad wird von einem Jungen getragen, der behauptet, er sei zwanzig, der aber meiner Schätzung nach höchstens zwölf sein kann. Er versichert mir, er sei bärenstark. Das mag vielleicht stimmen, aber ihm fehlt auf jeden Fall noch die Geschicklichkeit der Älteren. Er stößt oft mit dem Rad gegen Felsvorsprünge und entschuldigt sich dann jedesmal erschrocken. Bei einer Rast erzählt er, daß er viele kleine Geschwister hat, für die er sorgen muß.

Schließlich erreichen wir wieder die Straße. Die Träger kommen noch mit bis nach Lamosangu, denn auf der Strecke dorthin liegen noch eine ganze Reihe Erdrutsche mittlerer Größe vor uns, für die wir weiterhin die Hilfe der Träger benötigen. Gegen Mittag haben wir den Ort erreicht, und der Junge meint, das Schlimmste hätten wir jetzt hinter uns und wir könnten jetzt allein weiter.

Der nächste Ort ist Balepi, fünfzehn Kilometer von Barahbise entfernt, und den möchten wir heute noch erreichen. Doch auch hinter Lamosangu ist die Straße immer wieder von kleineren und größeren Erdrutschen verschüttet. Es ist ein zeit- und nervtötendes Stück Arbeit, sich Kilometer für Kilometer vorzukämpfen. Ständig müssen wir anhalten, alles abladen, Gepäck und Fahrräder einzeln hinübertragen, dann alles wieder festbinden – nur, um nach ein oder zwei Kilometern mit der ganzen Prozedur wieder von vorn zu beginnen.

Zum Glück sind die Nepali sehr hilfsbereit, und an besonders schwierigen Stellen findet sich immer jemand, der mit anpackt und tragen hilft. Einmal – ich bin gerade im Begriff, das Rad zu schultern und loszugehen – treten zwei besonders höfliche Nepali auf mich zu. Sie sind in blitzsaubere Hemden und Hosen gekleidet, tragen feste Schuhe und sogar Socken, und der eine mit der Hornbrille sagt zu mir: »May I help you, Miss?« Ehe ich mich's versehe, hat einer das Rad vorne gepackt, der andere hinten, und sie laufen im Trippelschritt los. Mir bleibt nichts anderes zu tun, als hinterherzugehen. Drüben angelangt, reichen sie mir die Hand, verbeugen sich – ich erwarte schon beinahe einen Handkuß –, ich kann mich gerade noch bedanken, da sind sie auch schon wieder verschwunden.

Der Nachmittag geht schon unmerklich in den frühen Abend über, als endlich die ersten Häuser von Balepi vor uns auftauchen. Wir freuen uns schon auf ein Bett und etwas zu essen – doch was für eine Enttäuschung! Balepi ist nichts als ein winziges Kaff. Einen Platz zum Übernachten können wir erst in Dolalghat finden, sagt man uns. Das ist noch einmal fünfzehn Kilometer weiter. Nachdem wir uns ein bißchen ausgeruht haben, machen wir uns seufzend auf den Weg. Immerhin haben wir jetzt die Erdrutsche hinter uns, zwischen Balepi und Katmandu verkehren wieder Busse, und die Straße ist sogar asphaltiert. So kommen wir rasch vorwärts – bis zur Steilabfahrt kurz vor Dolalghat. Meine Bremsen sind inzwischen so schlecht, daß ich hier bergab schieben muß!

Es ist bereits spät, als wir den Ort erreichen, und wir nehmen ein Zimmer in einer kleinen Lodge. Der Hausherr spricht erstaunlich gut Englisch, und es stellt sich heraus, daß er der Dorfschullehrer ist. Er lebt von einem äußerst schmalen Gehalt, das nicht vorn und nicht hinten reicht, und indem er Gäste aufnimmt, hat er einen kleinen zusätzlichen Verdienst. Seine Frau serviert uns Dhal Bhat, das Nationalgericht Nepals: Reis mit einer scharfen Linsensoße.

Zurück in der »Zivilisation«

Es ist nicht mehr weit bis Katmandu, aber noch sind wir nicht da. Heute wollen wir erst einmal bis Dulikhel kommen, das sind weitere siebenundzwanzig Kilometer, das meiste davon bergauf.

Das ungewohnte Klima macht mir schwer zu schaffen. Heiß war es auch in Tibet, aber dort war die Hitze trocken. Das läßt sich leichter ertragen als die feuchtheiße Luft hier, die sich wie ein nasses Handtuch auf die Lungen legt. Die Sonne brennt, und der Schweiß läuft mir in Strömen den Körper hinunter. Alle paar Kilometer treffen wir auf ein Dorf oder zumindest auf eine kleine Bretterbude am Straßenrand, wo man entweder heißen, stark gesüßten Milchtee oder lauwarme Cola schlürfen kann.

Der Himmel zieht sich zu, und es wird kühler, als wir den langen Berg vor Dulikhel hinaufschnaufen. Ein Schulbus überholt uns, und ein paar Kinder steigen aus, darunter auch ein Junge, der uns ein Stück des Wegs Gesellschaft leistet. Ich bin verblüfft, wie fließend er Englisch spricht, und stolz erzählt er, in seiner Klasse sei er »number one«. Ich frage ihn, was er denn einmal werden will, und er sagt, er wird einmal studieren und ins Ausland gehen. »That's for sure«, meint er selbstbewußt. Wir kommen an einem noblen und teuren Hotelpark mit Bungalows vorbei, und er ist erstaunt, daß wir hier nicht übernachten wollen. Dann sagt er »good bye« und biegt in einen Feldweg ab.

Fast haben wir Dulikhel erreicht. Wir sind schon ziemlich hoch, so daß wir von hier aus weit über die hügelige Landschaft hinwegblicken können. Die terrassenförmigen kleinen Felder sehen aus, als wären sie aus dem Berg herausgesägt worden, vereinzelt sind die Kuppen mit Bäumen bewachsen, und Baukastenhäuser verteilen sich auf den Abhängen, als wären sie dorthin gewürfelt worden.

Tief lasten schwere Wolken auf den Höhen, und es riecht nach Regen.

Wir steigen in der Dulikhel-Lodge ab und werfen uns dort erst mal genüßlich auf das weiche Bett. Komfort! Und was für ein Unterschied! Für so lange Zeit waren unsere Zimmer klein, dunkel und muffig, hier dagegen ist es endlich wieder freundlich, weit und hell. Wir laufen nicht mehr über gestampften Lehm oder kalten Beton, statt dessen versinken unsere Füße in weichen Wollteppichen. Anstelle der bis jetzt üblichen, von der Decke baumelnden nackten Glühbirne wird der Raum vom warmen Licht einer Lampe erhellt, und wir liegen auf weichen Matratzen und sauberem Bettzeug anstatt auf verflohten Strohmatten. Merkwürdig, unterwegs fand ich die Truck-Stops auch oft dreckig, aber erst jetzt, im nachhinein, kommt es mir wirklich schlimm vor. Offensichtlich habe ich vieles gar nicht mehr richtig wahrgenommen oder wahrnehmen wollen. Hier gibt es auch wieder eine Dusche, und im Restaurant können wir einfach nicht aufhören zu essen. Die Portionen sind winzig, und wir bestellen fast die gesamte Speisekarte durch.

Eigentlich hatten wir uns vorgenommen, am nächsten Tag eine kleine Wanderung zu machen, man soll von hier aus eine schöne Sicht auf den Himalaya haben. Aber dann bietet sich uns wieder nur das vertraute Bild: Wolken, Wolken, Wolken, die alles zuhängen. Also schalten wir wieder mal einen Faulenzertag ein und schmökern in alten Zeitungen und Zeitschriften, die hier herumliegen. Zuerst stürzen wir uns geradezu auf Nachrichten aus der Welt und aus der Heimat, aber dann stellen wir enttäuscht fest, daß sich anscheinend in den letzten Monaten überhaupt nichts geändert hat. Es kommt mir vor, als hätten wir uns mit Riesenschritten fortbewegt, während der Lauf der Welt stehengeblieben ist. Immer noch dieselben Kriege, immer noch dieselben Skandale und immer noch dasselbe Politiker-Blabla.

Als wir dann zu unserer letzten Etappe aufbrechen, bin ich wieder in derselben Stimmung wie damals kurz vor Lhasa – in Freude und Erleichterung mischt sich auch ein Schuß Traurigkeit. Jetzt dauert es nicht mehr lange, dann werden wir die Räder verkauft haben, und damit liegt dann endgültig auch dieser Abschnitt hinter uns.

Es ist einfach heute. Wir radeln etwas bergauf, etwas bergab, bis wir schließlich, nach einem letzten kurzen Anstieg, hinunter ins Katmandutal blicken. Hier liegen dicht beieinander die drei alten Hauptstädte Nepals: Katmandu, Bhaktapur (früher Bhadgaon) und Patan.

Bhaktapur ist nicht mehr weit entfernt, wir sehen die Stadt mit ihrem rotbraunen Dächergewirr und den prachtvollen Palästen schon unter uns liegen. Doch heute halten wir dort noch nicht an, das heben wir uns für später auf. Gemächlich rollen wir bergab. Hinter Bhaktapur wird der Verkehr immer dichter. Die einzelnen Dörfer wachsen unmerklich mehr und mehr zusammen, Haus folgt auf Haus, und unsere Spannung steigt. Gleich sind wir da! Und dann, ja dann erreichen wir eine große rote Tafel, die uns grüßt: »Welcome to Kathmandu-City!« Das erhebende Gefühl, das eigentlich zu einem solchen Augenblick dazugehören sollte, will sich nicht einstellen. Langsam radeln wir durch die Vororte zum Zentrum.

Ist diese Stadt groß! An eine solche Hauptstadt-Atmosphäre sind wir gar nicht mehr gewöhnt. Wir haben Schwierigkeiten, uns zu orientieren, und der Lärm, die Abgase, das tosende Chaos in den Straßen machen mir Kopfschmerzen. Die Luft ist zum Schneiden dick. Läden, Restaurants und Hotels knubbeln sich dicht an dicht, und das verwirrende Angebot an Antiquitäten, Lebensmitteln, Kleidung und die grellbunten Reklametafeln überall sind viel zuviel auf einmal. Motorroller knattern, schwarze Rauchwolken ausstoßend, durch die Stadt, und die Leute hasten, drängeln und schieben sich zwischen hupenden Bussen und Mopeds hindurch. Auf den Gehsteigen liegen leblose menschliche Kleiderbündel, Bettler, die den abgestumpften Passanten ihre leprazerfressenen, verstümmelten Gliedmaßen entgegenstrecken. Und mitten in all dem Durcheinander haben sich magere, apathisch glotzende Kühe niedergelassen, die in aller Ruhe mit Wiederkäuen beschäftigt sind. Leicht befremdet radeln wir an einem offenbar frisch errichteten kleinen Obelisken vorbei, der mitten auf einer Straßenkreuzung grüßt: »Willkommen Helmut und Hannelore Kohl!« Vor kurzem waren sie hier auf Staatsbesuch, fällt mir ein.

Im Stadtteil Thamel suchen wir uns ein Guest-House und lassen uns dann mehrere Tage lang im Strudel der Stadt treiben. Anfangs haben wir fast ununterbrochen Hunger. Wir wandern von einem Restaurant ins andere, essen pausenlos Pizza und Apfelstrudel,

Katmandu!

Quiche und Käse, aber trotzdem – das ständige verlockende und lang entbehrte Angebot vor Augen, fühlen wir uns nie wirklich satt. Stundenlang wandern wir durch die Altstadt, die sich seit dem Mittelalter kaum verändert zu haben scheint, durch schmale Basargassen voll wirbelnder Farben und Gerüche, vorbei an reich verzierten Tempeln und an prächtigen Häusern mit kunstvoll geschnitzten Fensterrahmen. Wir radeln hinaus zu den buddistischen Stupas Svayambunath und Bodnath, treffen dort wieder auf Tibeter und wehende Gebetsfahnen und auf Buddhas Augen, die von den Stupas herab alle vier Himmelsrichtungen im Blick haben.

Und wir besuchen das hinduistische Heiligtum Pashupatinath, zu dessen Innerstem nur Hindus Zutritt haben und das, wie verwunschen eingebettet in sanfte Hügel, am Rande der Stadt liegt. Hier sind wir Zeugen einer Leichenverbrennung. Es ist fremd und faszinierend für mich, daß hier der Tod nicht tabuisiert wird. Fröhlich planschen Kinder im Wasser herum, während neben ihnen ein Leichnam in Flammen aufgeht. Schauerlich sieht es aus, als zum Schluß ein halbverkohltes Bein abgebrochen und oben auf den Scheiterhaufen geworfen wird. Aber ich kann doch nicht wegsehen.

Schließlich verkaufen wir schweren Herzens unsere Fahrräder. Sie sind hier heiß begehrt, da sie viel stabiler sind als die üblichen indischen Räder. Frisch geputzt und geölt sehen unsere schwarzen Ungetüme fast aus wie neu. Sie haben kaum Kratzer abgekriegt und hatten keinen einzigen Platten!

Wie soll unsere Reise jetzt weitergehen? überlegen wir. Nach allen möglichen Plänen, die wir dann doch wieder verwerfen, entscheiden wir uns, über Tibet nach China zurückzukehren und dann von Beijing aus mit der Transsibirischen Eisenbahn nach Hause zu fahren.

Das erste, was wir dafür brauchen, ist ein chinesisches Visum. Man kann es hier in Katmandu bekommen – aber erst nach einer langwierigen Prozedur: Man schickt ein Telex mit der Anfrage, ob das Visum auch genehmigt wird, nach Beijing, dann muß man ein paar Tage oder Wochen warten, bis die – hoffentlich – positive Antwort zurückgetelext wird. Anschließend hat man die fälligen Gebühren nach Beijing zu überweisen, und erst dann darf man bei der chinesischen Botschaft zwecks eines Visums vorsprechen.

Wir schicken das Telex ab. In der Zwischenzeit, bis der Bescheid eingetroffen ist, wollen wir drei Wochen lang in den Bergen trekken gehen.

Wir sind etwas zu früh dran, die Zeit des Monsuns ist noch nicht vorbei. So geraten wir in schwere und langandauernde Regenfälle, die Aussicht auf die Berge ist meist von Wolken verhüllt, und wir werden fast von Blutegeln aufgefressen. Aber dann haben wir doch noch einige wunderschöne Tage im von hohen Eisriesen eingefaßten Kyangjingtal.

Müde, verschlammt und glücklich kehren wir in den ersten Oktobertagen nach Katmandu zurück. Dort wartet schon eine Nachricht auf uns: Die positive Antwort aus Beijing ist inzwischen eingetroffen. Wir überweisen die Gebühren und wollen dann am nächsten Morgen das Visum abholen. Doch schon folgt die kalte Dusche. Als wir nach dem Besuch bei der Bank durch die Stadt schlendern, springen uns die Tagesschlagzeilen der Presse entgegen: Unruhen in Tibet!

Die Nachrichten sind etwas wirr, aber soviel scheint sicher zu sein: Mönche haben einen Aufstand in Lhasa angezettelt, der in einer großen Demonstration für Unabhängigkeit und für die Rückkehr des Dalai-Lama gipfelte. Die chinesische Polizei hat eingegriffen, und es soll mindestens sechs Tote und vierzig Verletzte gegeben haben. Bis jetzt . . .

Betroffen blättern wir fieberhaft eine Zeitung nach der anderen durch, um vielleicht noch etwas Neues zu erfahren. Ausgangsverbot in Lhasa. Es werden keine Flugtickets nach Tibet mehr verkauft. Mönche sollen die Polizeistationen in Lhasa in Brand gesteckt haben. Wir denken an die vielen Tibeter, die wir auf unserer Reise kennengelernt haben, an die vielen Hoffnungen, die zerschlagen worden sind, und wir ahnen schon, daß dies noch nicht das Ende war. Mit Sicherheit wird eine große Zahl Verdächtiger verhaftet werden, eingesperrt auf lange Zeit, vielleicht gefoltert, vielleicht wartet die Todesstrafe auf sie. Die chinesische Regierung duldet keinen Verstoß gegen die von ihr aufgestellten Spielregeln.

Gemeinsam mit einer Gruppe anderer Ausländer, die auch nach Tibet wollen, warten wir vor der chinesischen Botschaft. Schließlich wird uns von einem höflichen jungen Beamten geöffnet, der uns alle einläßt und dann bedauert: »Momentan stellen wir leider keine Visa aus.«

»Aber wir haben doch schon die Gebühr bezahlt!«

»Wie sieht die Lage denn zur Zeit aus in Lhasa?«

»Wie viele Tibeter habt ihr umgebracht?«

»Ist die Situation wirklich so dramatisch?«

»Was ist, wenn man schon ein Visum hat? Werden wir damit in Kodari über die Grenze gelassen?«

Der Chinese läßt den Ansturm über sich ergehen, kein Kommentar. »Ich habe nur die Anweisung, keine Visa mehr auszustellen. Tibet ist fürs erste für Ausländer geschlossen.«

»Für wie lange?«

»Wird denn mit weiteren Unruhen gerechnet?«

Kein Kommentar. Wir fühlen uns hilflos und ohnmächtig, was können wir tun? Eine Frau beginnt, den chinesischen Beamten zu beschimpfen. Er lächelt nur hilflos höflich: »Würden Sie jetzt bitte gehen?«

Dharamsala – bei den Tibetern in Indien

Die Gegend um uns ist hügelig, heiß, trocken, staubig. Der klapprige Bus rüttelt und schüttelt uns durch, und schon seit Stunden sind wir damit beschäftigt, unsere langen Beine halbwegs erträglich in die engen Sitze zu zwängen. Ab und zu hält der Bus an armseligen Dörfern oder Teebuden unter weißglühendem Himmel, wo wir, wie unsere Mitreisenden auch, stark gesüßten Milchtee schlürfen. Leute steigen ein und aus, und wieder geht's ein Stück weiter, bis wir endlich unser Ziel erreicht haben – Dharamsala. Wir sind in Indien, in dem Ort nahe der nordwestlichen Grenze, in dem der

Dalai-Lama und Tausende anderer tibetischer Flüchtlinge im Exil leben. Dharamsala entpuppt sich als eine typisch indische Stadt, bevölkert von Indern, bebaut mit indischen Häusern, in denen indische Läden eingerichtet sind. Nur vereinzelte buddhistische Mönche, die in ihren roten Roben an der Bushaltestelle warten, erinnern an Tibet.

Doch wir sind auch noch nicht am Ziel angelangt. Wir müssen noch einmal umsteigen und dann eine zehn Kilometer lange Serpentinenstraße den Berg hinauffahren. Erst jetzt, als wir aussteigen, sieht es wirklich beinahe aus wie in Tibet. Hier in McLeod-Ganj, wie dieser Ortsteil heißt, haben sich die tibetischen Flüchtlinge angesiedelt. Die ersten unter ihnen, die damals die Grenze überschritten, wurden zunächst in Auffanglagern im indischen Tiefland untergebracht, wo sie sehr unter dem ungewohnten Klima und der großen Hitze litten. McLeod-Ganj hingegen liegt beinahe zweitausend Meter hoch, und die klimatischen Bedingungen hier sind denen Tibets zumindest ähnlich. Hinter dem Dorf ragen die Ausläufer des Himalaya auf; auf der anderen Seite liegt die alte Heimat, ganz nah und doch sehr fern.

In McLeod-Ganj ist ein richtiges Freak-Zentrum entstanden. Billige Hotels und Restaurants sind aus dem Boden geschossen, und viele »Westlinge«, die sich für Tibet, seine Kultur und seine Menschen interessieren, kommen hierher, um sich zu informieren. Es gibt ein Kloster, eine Universität, eine Bibliothek und das tibetische Medizinzentrum. Hinter dem Ortskern mit seinen festen Häusern, den Hotels, Restaurants und dem Tempel hängen viele Bretterhütten an dem bewaldeten Berghang. Sie sehen zusammengeflickt und provisorisch aus, machen aber auch einen freundlichen Eindruck. Die Fassaden sind in hellen Farben gestrichen, und wo immer sich ein freies Fleckchen findet, sind Blumen angepflanzt oder in Töpfen aufgestellt worden. Von Dach zu Dach spannen sich bunte, flatternde Gebetsfahnen.

Das erste, was mir auffällt, ist der Unterschied zwischen den Flüchtlingen hier und vielen Leuten, denen wir vor ein paar Wochen in den tibetischen Dörfern begegnet sind. Woher kommt das, frage ich mich. Sind es die langen Jahre der chinesischen Besatzung, die viele Tibeter verhärtet haben? Oder sind es gerade die klugen, die »wachen« Tibeter, die es vorgezogen haben, das Land zu verlassen? Jedenfalls ist es unmöglich, McLeod-Ganj zu besuchen, ohne sofort von seinen Bewohnern eingenommen zu sein. Jeder Tibeter hier strahlt eine natürliche Herzlichkeit und Freundlichkeit aus, der man nicht anders als mit spontaner Sympathie begegnen kann. Trotz allem, was diese Menschen erlebt haben, haben sie doch ihre Hoffnung und ihren Humor nicht verloren.

Um Unterdrückung und Bedrohung in Tibet zu entkommen, nahmen sie lange, gefahrvolle Märsche auf sich. Viele Alte und Schwache, auch viele Kinder, überlebten die Strapazen nicht. Eine große Zahl Kinder erreichte Dharamsala als Waisen. Um ihnen zu helfen, wurde hier von Pema Gyalpo, der jüngeren Schwester des Dalai-Lama, das »Tibetan Children's Village« gegründet. Über tausend Kinder, die so die Möglichkeit bekommen, im Umfeld ihrer Traditionen aufzuwachsen, haben hier eine Zuflucht gefunden. Manche Eltern haben auch den schweren Entschluß gefaßt, ihre Kinder in McLeod-Ganj zu lassen und alleine wieder in ihre Heimat zurückzukehren. Sie wollten, daß ihre Kinder eine gute tibetische Ausbildung erhalten, und das sahen sie unter der chinesischen Besatzung nicht mehr gewährleistet. Man sieht es hier auch nicht so gerne, wenn Kinder von europäischen Eltern adoptiert werden. Sie sollten ihrer Heimat nicht entfremdet werden, sondern vielmehr deren Traditionen am Leben erhalten.

Abgesehen von Dharamsala gibt es noch viele andere Siedlungen von Exiltibetern. Insgesamt leben über hunderttausend Flüchtlinge fern ihrer Heimat über die ganze Welt verstreut. Die meisten haben einen Zufluchtsort im Himalayagebiet gefunden, in Bhutan, Sikkim, Nepal und Indien. Viele halten sich auch in der Schweiz auf, in einer für sie völlig fremden Umwelt und Gesellschaft.

»Dort sind sie in einer noch schwierigeren Lage als wir«, meint eine junge Tibeterin. »Wir sind hier immerhin noch in Asien. Für die Kinder die hier aufgewachsen sind, ist es wohl noch möglich, sich in ihrer alten Heimat einmal wieder zurechtzufinden. Sie haben eine wirklich tibetische Identität. Aber die zweite Generation, die jetzt in der Schweiz lebt, ist nur dem Äußeren nach

Dharamsala, Zufluchtsort des Dalai-Lama und vieler tibetischer Flüchtlinge

tibetisch. Sie sind als Europäer aufgewachsen und erzogen worden und stehen dadurch zwischen zwei Welten.«

Eine neue Flüchtlingswelle wird erwartet, und alle hier verfolgen gespannt die Ereignisse in Lhasa. »Wir wollen ja keine Gewalt, aber manchmal ist das die letzte Möglichkeit. Sonst wird sich nie was ändern. Dreißig Jahre Gewaltlosigkeit haben uns auch nicht weitergebracht, im Gegenteil«, ereifert sich ein junger Tibeter.

Der Dalai-Lama ist da anderer Ansicht. Er glaubt fest an die Kraft und die Macht der im Buddhismus verankerten Gewaltlosigkeit und daran, daß sie früher oder später doch einmal Früchte tragen wird.

Die Augenzeugenberichte neu angekommener Flüchtlinge waren für ihn stets die beste Möglichkeit, zu erfahren, was in seinem Land wirklich vor sich ging. In dem Buch »My land and my people«, in dem er sein Leben beschreibt, geht er davon aus, daß Zehntausende Tibeter umgebracht worden sind. Die Dunkelziffer liegt aber noch weit höher, man schätzt sie auf über eine Million. Die Verbrechen, die nach den Aussagen der Flüchtlinge an der tibetischen Bevölkerung begangen wurden, sind so grausam, daß man es kaum glauben mag. Wer sich in irgendeiner Art und Weise gegen den Kommunismus stellte, wer eine hohe Position innehatte oder, vor allem, wer von seiner Religion nicht ablassen wollte, der wurde »nicht nur erschossen, sondern auch zu Tode geprügelt, gekreuzigt, lebend verbrannt, ertränkt, vivisektiert, den ließ man verhungern, der wurde erwürgt, gehängt, bei lebendigem Leib begraben, ausgeweidet und geköpft... Männer und Frauen wurden langsam getötet, während ihre Familie zusehen mußte, und kleine Kinder wurden gezwungen, ihre Eltern zu erschießen...«, schreibt der Dalai-Lama. Andere Kinder wurden verschleppt, und viele Frauen und Männer sind zwangssterilisiert worden.

Es fällt schwer, das lebendige Leid zu sehen, das sich hinter den dürren Zahlen und Fakten verbirgt, über die es sich so leicht hinweglesen läßt.

Unsere Zeit in Asien ist fast abgelaufen. Die Idee, doch noch nach Lhasa zurückzugehen und dann von Beijing aus mit der Transsibirischen Eisenbahn nach Deutschland zu fahren, haben wir aufgegeben. Tibet bleibt für Touristen vorerst gesperrt. Wir entschließen uns, statt dessen noch ein bißchen in dieser Ecke Indiens, in Himachal Pradesh, zu bleiben und dann von Delhi nach Hause zu fliegen.

Himachal Pradesh ist schön, aber so wie in China, Tibet und Nepal ist es nicht mehr. Ich bin nur noch mit halbem Herzen dabei. Andauernd wandern meine Gedanken zwischen dem, was ich erlebt habe, und dem, was mich in Deutschland erwarten wird, hin und her. Eine an unvergeßlichen Erfahrungen und Eindrücken reiche Zeit liegt hinter mir. Viele Fragen haben sich mir beantwortet, aber noch mehr haben sich unterwegs erst neu gestellt. Und es gibt noch so vieles, die Philosophie des tibetischen Buddhismus zum Beispiel, das ich kaum an der Oberfläche angekratzt habe.

Es ist schon herbstlich kühl, frostig beinahe, als wir frühmorgens auf den Bus warten, der uns nach Delhi bringen wird. Gegen die Kälte haben die Inder sich in wollene Tücher gehüllt, einige hocken zusammengekauert auf ihren Gepäckstücken. Tief atmen wir die reine, klare Bergluft ein, bald wird sie für uns nur noch Erinnerung sein. Und weit in der Ferne, weit hinter den kahlen braunen Bergkuppen Himachal Pradeshs, sehen wir zum Abschied noch einmal blauweiß die Eisriesen des Himalaya schimmern. So weit entfernt, daß sie über der Welt zu schweben scheinen. Ich gebe ein Versprechen – ich werde wiederkommen.

FOLGE DEINER SEHNSUCHT, ERFAHRE DIE WELT

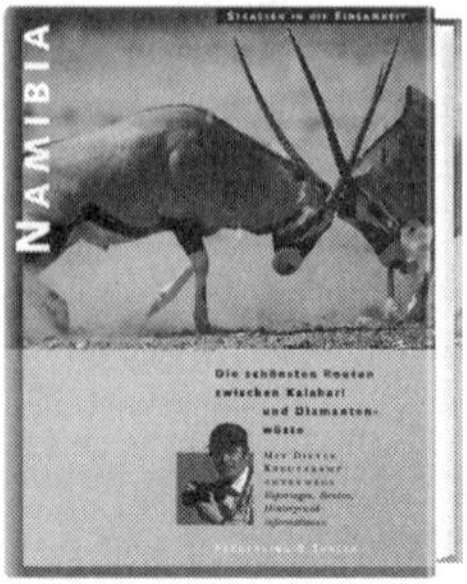

Dieter Kreutzkamp
Namibia
Die schönsten Routen zwischen Kalahari und Diamantenküste
200 Seiten,
31 Farb-, 107 s/w-Fotos, 11 Karten
Gebunden
ISBN 3-89405-334-8

Reiseratgeber im Bildbandformat: Spannende Reportagen, ausgewählte Reiserouten, interessante Hintergrundinformationen und stimmungsvolle Bilder - mit Kennern des Landes unterwegs.

Dieter Kreutzkamp
West-Kanada und Alaska
Zwischen Vancouver Island und Yukon River, Rocky Mountains und Hudson Bay
176 Seiten,
30 Farb-, 70 s/w-Fotos, 15 Karten
Gebunden
ISBN 3-89405-303-8

Dieter Kreutzkamp
Australien
Outback, Queensland und Norfolk Island
184 Seiten,
31 Farb-, 98 s/w-Fotos, 18 Karten
Gebunden
ISBN 3-89405-322-4

FREDERKING & THALER